사랑한다면 강하게 키워라

사랑한다면 강하게 키워라

초판 1쇄 발행 | 2008년 7월 10일
초판 2쇄 발행 | 2009년 6월 25일

지은이 | 김재헌
펴낸이 | 이성수
편집장 | 박상두
편집 | 허정희, 황영선, 이홍우, 이효주, 박현지
교정·교열 | 신윤덕
마케팅 | 이현숙, 이경은
제작 | 박홍준

펴낸곳 | 올림
주소 | 서울시 종로구 신문로1가 163 광화문오피시아 1810호
등록 | 2000년 3월 30일 제300-2000-192호(구 : 제20-183호)
전화 | (02)720-3131
팩스 | (02)3276-3695
이메일 | pom4u@yahoo.com
홈페이지 | www.ollim.com

값 | 10,000원

ISBN 978-89-93027-01-3 03370

※ 이 책은 올림이 저작권자와의 계약에 따라 발행한 것이므로
  본사의 허락 없이는 어떠한 형태나 수단으로도 이 책의 내용을 이용하지 못합니다.
※ 잘못된 책은 구입하신 서점에서 바꿔 드립니다.

사랑한다면

내 아이의 '자생력'을 기르는 8-8-8 법칙

강하게 키워라

김재헌 지음

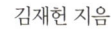

강한 아이는 어떤 아이인가

　남자 아이든 여자 아이든 덩치는 커졌지만 체력은 떨어지고 유약해져서 툭하면 운동장에서 쓰러집니다. 정신적으로도 나약해져서 '성적 비관 자살'이라는 말이 가끔 신문 지면을 장식하기도 합니다. 남자 아이가 남자답지 못하고 여자 아이가 여자답지 못하게 커 가는 것을 보고 걱정하고 고민하는 가정이 의외로 많습니다.
　가장 큰 문제는 요즘 아이들이 매사를 부모에 의존한 채 성장하고 있다는 것입니다. "엄마, 나 친구하고 놀아도 돼요?"라고 묻는 아이들을 흔히 볼 수 있습니다. 겉보기엔 조숙하고 똑똑한데 무엇 하나 스스로 결정하지 못하고 부모의 결정을 기다립니다. 이런 아이의 모습에 부모들 역시 마음을 놓지 못합니다.
　딸 둘과 아들 하나를 키우면서 제가 누린 기쁨은 그 무엇에도 비길 수 없는 축복이었습니다. 기쁨과 함께 신기하게 느낀 것은 남자 아이는 남자로 큰다는 것과 여자 아이는 여자로 큰다는 것이었습니다. 당연한 걸 가지고 뭐가 그리 신기하냐고 반문할지 모르지만, 시대가 바뀌다 보니 이 당연한 것이 당연하지 않게 되었습니다. 남자 아이가 남자의 본능을 잃어 연약해지고 여자 아이가 남성성을 발휘하여 점점 드세지고 있는 것입니다. 이것은 결코 환영할 만한 일이 아닙니다.

그렇다면 강한 아이로 키운다는 것은 무엇일까요? 강한 남자 아이와 강한 여자 아이는 어떤 아이를 말하는 것일까요?

《빌 게이츠의 인생수업》이라는 책에 '빌 게이츠를 만들어 낸 스무 가지 인생 이야기'가 나옵니다. 빌 게이츠의 아버지는 강한 남자 아이의 성품을 스무 가지로 정했는데, 용기와 열정, 관용과 인내를 가장 중요하게 여겼다고 합니다. 그리고 부차적으로, 어려움을 이겨 내는 슬기와 성공을 향한 끝없는 집념을 아들에게 심어 줬다고 합니다.

이 점은 재일 교포 사업가 손정의도 마찬가지였습니다. 손정의의 아버지는 아들에게 끊임없이 사무라이 정신, 즉 용기와 신념을 심어 주었다고 합니다.

그러나 그 남자들도 여자들에게는 지게 되어 있습니다. 인류가 탄생한 이래 남자가 여자와의 말싸움에서 이겨 본 적이 없는 것도 그 증거입니다. 그래서 남자는 지레 화를 내는 것으로 자기를 방어합니다. 남성이 여성보다 강한 것은 육체의 힘뿐이니 그것을 사용하는 것입니다.

이처럼 아무리 부정하려 해도 남성과 여성은 분명히 차이가 있습니다. 생식 기관, 출산의 역할, 육체적인 힘, 수명, 일반적인 성향, 언어 능력 등에서 차이가 있습니다. 차이가 곧 우열을 의미하는 것은 아닙니다. 그런데 일부 여성주의자들은 이러한 차이를 애써 무시하거나 부인함으로써 오히려 여성성을 말살하는 길을 택하기도 합니다.

제가 아이들을 키우면서 느낀 점은 여자 아이들은 정해진 일을 빈틈없이 해내는 능력이 뛰어난 데 반해, 남자 아이들은 정해진 길에서 벗어나려는 습성이 있다는 것이었습니다. 또 남자 아이는 호기심이 많은 데다 결과를 생각하지 않고 일단 저지르고 보는, 어떤 의미에서는 무모하다고 할 수 있는 성향이 강합니다. 아들 덕(?)에 저는 경찰서에 불려 간 일도 있었습니다.

하지만 아들은 실패를 통하여 자신을 깨달아 갔습니다. 그 결과 중1 때만 해도 방황하던 녀석이 중3때부터는 기적같이 전교 1~2등을 다투는 자리까지 올라갔습니다. 고등학생이 된 지금은 의대를 가겠다고 물불 안 가리고 '열공'하고 있습니다. 반면 두 딸은 어릴 적부터 지금까지 말썽 한 번 부리지 않고 매일 조금씩 성장하며 원하는 대학 원하는 과에서 늘 우수한 성적을 올렸습니다.

가정교육에서는 남자 아이와 여자 아이를 야단치는 방법도 달라야 합니다. 대부분의 남자 아이는 논리에 맞게 말해야 수긍을 합니다. 아무래도 남자는 좌뇌가 더 발달하므로 이해가 되지 않는 일은 행동으로 옮기지 않기 때문입니다. 반면 여자 아이는 수다를 통하여 문제를 해결하고자 합니다. 즉 관계를 회복한 다음 우뇌를 통한 감성에 호소해야 움직입니다.

모든 것이 그러하듯 부모가 되는 것도 배워야 합니다. 좋은 부모 밑에서 좋은 자녀가 나옵니다. 저도 처음에는 많은 시행착오를 겪었습니다. 그래서 동서고금의 좋은 책을 두루 읽어 보고 자녀 교육의 달인들을 찾아다니기도 했습니다. 거기서 배우고 느낀 것들을 꾸준히 실행에 옮겼습니다. 그렇게 해서 얻은 결론은 부모가 자녀에게 물려줄 수 있는 가장 큰 유산은 당장의 성적이나 물질이 아니라 '자생력'이라는 것이었습니다. 녹록지 않은 세상을 바르고 강하게 살아갈 수 있는 '보이지 않는 힘' 말입니다. 그리고 또 한 가지 얻은 결론은, 부모의 배려가 있을 때 비로소 아이가 강해진다는 사실이었습니다.

부모가 진정으로 아이를 위하는 길은 무엇일까요? 또 아이가 남이 아닌 자기 인생을 멋지고 당당하게 살도록 도와주는 부모의 모습은 어떤 것일까요? 이 책이 이러한 문제들에 대한 답을 찾는 데 조금이나마 도움이 된다면 좋겠습니다.

2008년 여름에
여러분과 같은 아버지가

차례

책머리에 강한 아이는 어떤 아이인가 _4

01

아이를 강하게 만드는 부모의 원칙
소신 있는 부모는 흔들리지 않는다

원칙 1 지식보다 태도를 먼저 가르친다
당신은 아이에게 어떤 부모인가요? _15

원칙 2 믿음은 태산도 움직인다
부모가 믿어주면 아이는 강해진다 _22

원칙 3 사랑의 끈을 놓지 않는다
몸에 음식이 필요하듯 마음에는 사랑이 필요하다 _27

원칙 4 스스로 어려움을 이겨낼 기회를 준다
"돌아오지 말고 네가 직접 해결해라!" _33

원칙 5 '꿈'과 '비전'으로 스스로 하고 싶게 만든다
'열심히'만으로는 부족하다 _39

원칙 6 아이와 진심으로 교감한다
마음과 낙하산은 펼치지 않으면 소용없다 _45

원칙 7 '행복'만큼 좋은 영양분도 없다
손을 잡으면 행복이 눈처럼…… _51

원칙 8 애정에도 철학이 필요하다
중요한 것은 속도가 아니라 방향이다 _57

아이를 강하게 키우는 환경
환경은 유전자보다 강하다
02

환경 1 사랑과 진리를 분담하는 부모라는 환경
대우는 차별 말되 훈육은 차별하라 _65

환경 2 아이들이 들어오고 싶은 가정이라는 환경
즐거운 곳에선 날 오라 하여도…… _71

환경 3 아이의 미래를 위해 바꿔야 할 분위기 세 가지
지혜로운 부모는 '나부터' 공부한다 _79

환경 4 아이의 숨은 힘을 불러내는 언어 환경
'신의 손'을 만든 어머니의 대화법 _86

환경 5 부모만큼이나 중요한 선생님이라는 환경
훌륭한 스승을 만나면 누구든 천재가 된다 _94

환경 6 성장 단계에 따른 '맞춤 교육'이라는 환경
영재와 둔재의 차이는 '타이밍' _101

환경 7 아이의 마음에 창을 내는 독서 환경
책 없는 곳에서는 아이가 자라지 않는다 _111

환경 8 아이의 정체성을 흔드는 '무서운 생활 도구들'
당신의 아들이 딸로 변한다면 _120

03

강한 아이로 키우는 방법
강한 아이, 이렇게 키운다

방법 1 핵심은 '자율'이다
생산적으로 놀고, 여유 있게 공부하고 _129

방법 2 위대한 스승, 자연으로 돌아가라
"아빠, 게임 하는 것보다 훨씬 재밌어요!" _136

방법 3 아버지의 자리를 찾아준다
아내는 CEO, 남편은 명예 회장 _146

방법 4 실력 중의 실력, 국어 실력을 키워라
국어가 생각을 낳는다 _154

방법 5 정리 정돈을 시키면 학습 능력이 껑충
걸레 한 장의 기적 _162

방법 6 도덕성은 성공의 제1조건
도덕 지능 없는 실력은 추락하기 쉽다 _172

방법 7 비폭력적으로 대화하라
천사를 깨우는 언어, 악마를 부르는 언어 _180

방법 8 백 마디 말보다 하나의 행동을
혹시 자녀를 감시하고 있나요? _189

04

아이를 강자로 키운 위대한 부모들의 비결
"나는 이렇게 키웠다"

비결 1 '좌뇌 교육'보다 '우뇌 교육'을 - 카를 비테 목사
네가 직접 보고 느껴라 _197

비결 2 100억 재산보다 값진 정신적 유산을 - 빌 게이츠 아버지
독립적으로 경쟁하라 _203

비결 3 단순한 칭찬보다 속마음을 헤아려라 - 세키네 마사키 선생
먼저 아이한테 배운다 _209

비결 4 '뛰어나게'가 아니라 '다르게' - 스티븐 스필버그 어머니
엉뚱해도 좋다 _215

비결 5 현실을 직시하는 법을 가르쳐라 - 로버트 기요사키의 두 아버지
'내일'을 강제하지 말고 '오늘'을 선물하라 _222

비결 6 맹수가 새끼를 기르듯 - 테드 터너의 아버지
거친 파도와 싸워라 _226

비결 7 돈에 대한 철학과 기술을 - 록펠러 2세와 워런 버핏
돈의 노예가 아니라 주인이 되게 하라 _232

비결 8 장사꾼 마인드가 필요해 - 아시아 최고 재벌 리카싱
세상을 읽어라 _237

맺는말 미래는 '강한 아이'에게 있다 _244

+α

사랑의 결핍을 채우는 두 가지 방법 _32
CEO 엄마의 리더십 _44
행복한 가정을 만드는 키워드 '친절, 진실, 포기' _76
대치동식으로 키울까, 내 방식으로 키울까 _84
명문대생 조승희를 파괴한 '선택적 무언증' _91
교사만 있고 스승은 없다? _99
성장에 꼭 필요한 교육적 자극은 언제, 어떻게? _109
아이가 책을 싫어한다고요? _117
환경 호르몬의 공격 _126
한국인 부모와 유대인 부모의 차이 _135
세 살짜리 시인의 탄생 _144
아이의 사회 지능을 높이는 가족회의 _152
아이가 잠들기 전 30분의 위력 _160
머리는 좋은데 성적은 안 좋은 이유는? _169
영어 단어보다 백배 중요한 선악의 판단 기준 _178
조화로운 삶의 씨앗, 비폭력 대화 _186
위대한 어머니들 _220

원칙 1 지식보다 태도를 먼저 가르친다
원칙 2 믿음은 태산도 움직인다
원칙 3 사랑의 끈을 놓지 않는다
원칙 4 스스로 어려움을 이겨낼 기회를 준다
원칙 5 '꿈'과 '비전'으로 스스로 하고 싶게 만든다
원칙 6 아이와 진심으로 교감한다
원칙 7 '행복'만큼 좋은 영양분도 없다
원칙 8 애정에도 철학이 필요하다

01

아이를 강하게 만드는 부모의 원칙

소신 있는 부모는
흔들리지 않는다

국가의 운명은 권력을 잡은 손에 달려 있는 것이 아니라 엄마의 손에 달려 있다. 그러므로 우리는 인류의 교육자인 엄마를 계발하는 데 힘써야 한다. 그러나 엄마가 되는 데에는 굉장한 어려움이 따른다는 것을 잊어서는 안 된다. 이 어려움을 극복하겠다는 각오가 없으면 차라리 엄마가 되지 않는 편이 낫다.

－카를 비테(독일 신학자)

원칙 1 · 지식보다 태도를 먼저 가르친다

당신은 아이에게 어떤 부모인가요?

사근사근, 사박사박.

딱히 그 소리를 표현할 길이 없는, 보슬비가 내립니다. 내리는 비가 그리도 반가운지 땅은 뽀얀 흙먼지를 일으키며 수줍어하다가 어느새 수많은 보조개를 만들어 냅니다.

비는 이제 자신감을 얻은 듯 좀 더 세차게 내립니다. 오랜만에 만난 임이 어떻게 나올지 몰라 망설이다 살가운 미소에 와락 달려드는 낭군의 모습이 저럴까요. 둘은 어느새 하나가 되어 누가 누구인지 분간하기가 어렵습니다. 땅만 보아서는 하늘에서 비가 오는지 땅에서 물이 솟는지 도무지 알 길이 없습니다.

어릴 적 제가 살던 고향집 작은 언덕에서 솟아나던 물을 잊을 수가 없습니다. 더운 여름, 갑자기 구름이 몰려들어 시원한 장대비를 퍼부어 놓

고 지나가면 어김없이 언덕 여기저기에서 샘물이 고개를 쳐들고 나왔지요. 아이들은 난리라도 난 양 이리저리 뛰어다니며 손으로 막기도 하고 물길을 내기도 하며 흥겨운 한때를 보내곤 했습니다.

제가 보슬비를 바라보며 몇 십 년 전 고향집을 떠올리게 된 것은 저의 어머니에 대한 애틋한 기억 때문입니다. 비가 내리면 섬돌에 낙숫물 듣는 모습을 바라보며 저는 오랫동안 어머니의 몸에 기대어 어머니가 책 읽어 주는 소리를 듣곤 했습니다. 그때만큼 평화롭고 행복한 시간이 또 있을까요. 당시의 어머니는 제게 르누아르의 〈책 읽는 여인〉보다 훨씬 더 아름답고 편안한 모습으로 남아 있습니다.

그 기억이 얼마나 강렬한지 여덟 살 때의 일이 아직도 또렷합니다. 그날도 어머니 등을 베개 삼아 누워서 책 읽어 주는 것을 듣고 있었습니다. 그러다 문득 빗물을 받아 내고 있는 섬돌을 보고는 '아, 5년이면 빗물이 바위에 구멍을 내어 손가락 크기만큼 뚫을 수 있구나!' 하는 생각을 하게 되었습니다. 어렴풋하지만 세 살 때 집을 지어 이사했다는 것을 알고 셈을 해 본 것이지요. 저는 무슨 큰 깨달음이라도 얻은 양 의기양양해져서 어머니 얼굴을 쳐다보았습니다. 어머니는 왜 그러느냐는 표정을 지으며 하품을 하고는 모로 누워 팔베개를 한 채 낮잠을 청했습니다. 제가 책 읽는 소리는 듣지 않고 딴전을 피운다고 여기셨던 모양입니다.

이미 쉰을 바라보는 나이였지만, 동그란 얼굴, 둥글게 말아 올린 파마머리의 어머니 몸에서는 언제나 분 냄새와 부드러운 우유 냄새가 났습니다. 전 그런 어머니가 세상에서 제일 좋았습니다. 그런 달콤한 기억이 없었다면 부모님 모두 몹쓸 병에 걸려 제가 힘들었을 때 다 내팽개치고 도망갔을지도 모릅니다.

  아름다운 추억과 도망치고 싶은 고통을 동시에 안겨 준 어머니였지만, 무릎에 누이고 하염없이 책을 읽어 준 어머니 덕에 저는 독서광이 되었습니다. 그래서인지 어머니와 책은 저에게 같은 무게로 다가오는 소중한 대상입니다. 삶이 어렵고 힘들 때도 그랬고, 커다란 기쁨에 즐거워할 때도 제 손엔 항상 책이 들려 있었습니다. 책이 저의 삶을 이렇게 바꾸어 놓을 줄은 정말 몰랐습니다. 책을 사랑하고, 책에서 인생의 스승을 만나고, 책을 쓰며 살아온 제 삶의 배경에는 사랑스레 책을 읽어 주던 어머니가 계셨습니다.

  '어머니, 참 고맙습니다.'

  저는 늘 이렇게 천국에 계실 어머니에게 감사드립니다.

  엄마가 되고 아빠가 되면서 우리는 공통적으로 느끼는 게 한 가지 있습니다. 부모란 영원히 죽지 않고 내 안에 살아 있다는 것이지요. 그런 만큼 부모가 아이들에게 어떻게 기억되느냐는 매우 중요합니다. 아이들은 평생을 통하여 부모의 상(像)을 반추하며 자신의 모습을 만들어 가기 때문입니다.

부모가 보여 준 삶의 태도가
아이의 삶을 지배한다

교육은 모방에서 출발한다고 합니다. 살아 보니 얼추 맞는 말 같습니다. 배우고 가르치는 과정은 불변의 진리와 이상적 모델을 끊임없이 자기화하는 노력과 크게 다르지 않습니다. 부모는 아이에게 모방의 첫 단추입니다. 이 첫 단추가 잘못 끼워지면 결국은 나머지도 잘못되게 마련입니다. 나중에 고치려 해도 고치기가 쉽지 않습니다. 처음부터 다시 시작해야 합니다. '자녀는 부모만큼 성장한다'는 말도 아이가 모방을 통해 부모로부터 얼마나 크고 깊은 영향을 받게 되는지를 아주 잘 설명해 줍니다. 다시 말해서 부모가 변하지 않으면 아이도 그대로일 수밖에 없다는 뜻입니다.

특히 어머니의 존재는 아이에게 거의 절대적인 영향을 미칩니다. 자녀에게 어머니는 신과 같고 생명과 같아서 어머니를 떠나서는 인생 자체가 성립될 수 없습니다. 우리가 흔히 하는 '하나님은 어느 곳에나 계실 수 없어서 어머니를 창조하셨다'라는 말도 같은 맥락입니다. 철학자들이 '하나님이 영혼의 생명을 자녀들에게 준다면 어머니는 육신의 생명과 혼의 생명 두 가지를 준다'라고 말하는 것도 이 때문입니다. 어머니야말로 에덴동산 이후로 우리에게 주어진 영원한 안식처일 것입니다. 아이는 어머니로부터 성장의 자양분을 공급받고, 살아가는 데 필요한 지혜를 얻습니다. 아이에게 어머니의 교육은 교육 그 이상이며, 어머니의 사랑은 사랑 그 이상입니다.

당신은 어떻습니까? 하나님에게 부여받은 역할을 얼마나 잘 수행하고 있는지요? 지금 우리 아이들이 원하는 것은 단순합니다. 자기 말을 들어주고 자기와 함께하는 엄마를 원합니다. 또 그런 아빠를 원합니다. 이런 요구는 사소한 것 같지만 아이들에겐 결코 사소한 것이 아닙니다. 사람을 이해하고 판단하는 척도가 되어 아이의 인생에 지워지지 않는 흔적을 남깁니다.

척수 장애인으로, 가난한 사람을 위한 사회 복지 시설을 만들고 세계 최초의 청소년 특별 법원을 만든 공로로 노벨 평화상을 수상한 제인 애덤스란 사람이 있었습니다. 그는 한 연설에서 자녀 교육의 황금률에 대해 이렇게 말했습니다.

"아이가 엄마와 이야기하려 하면 오븐 속의 음식을 태우더라도 대화를 나누십시오. 아이가 아빠와 이야기하고 싶어 하면 가게를 1시간 늦게 열더라도 자녀와 대화하십시오."

그렇습니다. 이런 자세만 되어 있다면 당신은 누구보다도 훌륭한 엄마요, 아빠라고 할 수 있습니다.

저도 아이 셋을 키우면서 누구보다 뼈저리게 느꼈습니다. 정말로 아이들은 엄마와 아빠 하기에 달려 있다는 사실을 말입니다. 한때 겉돌던 아이가 오랜 기간 저희 부부의 노력으로 제자리를 찾아가는 모습을 보면서 저는 몰래 눈물을 흘렸습니다. 어릴 적 아이에게 어떤 부모로 기억되느냐가 어떤 자식을 만드느냐와 깊은 관련이 있다는 것도 아이를 다 키우고 나서 새삼 깨닫게 되었습니다.

마찬가지로 강한 아이로 성장시키는 비결 또한 교과서 지식이 아니라 부모의 마음과 태도에 있다는 것을 이제야 터득했습니다. 뭔가를 물어보려는 아이에게 바쁘거나 귀찮다는 핑계로 짜증을 부리면 어려움을 참지 못하는 나약한 아이로 만드는 것입니다. 음식을 태우는 한이 있어도 아이의 말에 귀 기울이는 부모 밑에서 아이는 강하게 자라납니다.

비폭력 저항 운동의 아버지 마하트마 간디는 중학생 시절, 나쁜 친구들과 사귀어 담배도 피우고 급기야 돈까지 훔치게 되었습니다. 어느 날, 그는 자신의 잘못을 뉘우치고 그간의 행적을 종이에 적어 아버지께 고하고 처벌을 구했습니다. 평소 불같은 성격의 아버지는 말없이 눈물을 흘렸고 간디도 뜨거운 참회의 눈물을 흘렸습니다. 훗날 간디는 이때부터 비폭력 운동의 씨앗이 자신의 마음에 싹텄다고 고백했습니다.

세상의 어떤 교육보다 우선하는 것은 바로 엄마 아빠의 태도입니다. 그 태도가 아이들 가슴속 깊은 곳에 남아 영원히 아이의 일생과 함께하게 됩니다. 부모가 보여 준 삶의 태도가 아이의 삶을 지배하는 것이지요.

당신은 아이에게 어떤 부모로 기억되기를 바라나요?

원칙 2 　믿음은 태산도 움직인다

부모가 믿어주면
아이는 강해진다

　아이의 미래는 부모의 믿음에 달려 있습니다. 믿음은 산도 옮길 만큼 큰 힘을 지니고 있습니다. 자녀들은 부모의 믿음을 먹고 자랍니다. 사람들 역시 믿음에 따라 움직입니다.

　믿음은 산만하기만 하던 한 소년을 어엿한 농구 황제로 우뚝 서게 했습니다. 미국 뉴욕 브루클린의 평범한 노동자인 아버지와 은행 말단 직원이던 어머니 밑에서 5남매 중 넷째로 태어난 마이클 조든. 그는 여느 다른 흑인 아이와 같이 평범한 가정에서 어린 시절을 보냈습니다.

　"마이클은 자식들 중에서 가장 게을렀어요. 그래서 이담에 커서 시계 만드는 공장에서 견습공으로라도 일하지 않으면 굶어 죽을 거란 생각까지 했답니다. 하지만 저는 한 번도 아이가 잘못될 거라고는 생각하지 않았습니다. 자식을 믿었으니까요."

NBA에서는 최고의 선수이고 동료들에게 모범이 되었지만, 어린 시절의 그는 또래 아이들처럼 개구쟁이였습니다. 넉넉지 못한 집안 형편 때문에 형제들은 아르바이트를 해서 용돈을 벌어 쓰거나 학비에 보탰지만, 그는 무슨 일이든 꾸준히 하지 못했습니다.

그러다 고등학교에 들어가 그가 찾은 길은 농구 선수가 되는 것이었습니다. 마이클 조든은 연습장을 가장 먼저 찾아가 가장 늦게 떠나는 선수가 되었습니다. 이를 악물고 열심히 노력한 끝에 그는 대학 시절 종횡무진 코트를 누비는 최고의 선수로 성장했습니다. 3학년이 되면서 그는 명문 시카고불스로부터 입단 제의를 받았습니다. 학교를 졸업하기도 전에 내로라하는 프로 구단의 제의를 받은 그는 날아갈 듯이 기뻤습니다. 하지만 문제는 비행기표를 살 돈이 없다는 것이었습니다. 친구들과 가족들에게 돈을 빌려 겨우겨우 표를 구했습니다. 간신히 시카고 공항에 내렸지만, 이번에는 팀이 연습하는 곳까지 갈 차비가 없었습니다. 생각다 못한 그는 택시를 잡아 세웠습니다.

"저는 마이클 조든이란 농구 선수입니다. 시카고불스에서 뛰게 되었는데, 택시비가 없습니다. 태워다 주시면 나중에 꼭 갚겠습니다."

그는 이렇게 사정했습니다. 하지만 택시 기사들은 인상이 험악한 흑인의 말을 믿으려 하지 않았습니다. 대놓고 욕을 하는 사람도 있었습니다. 그렇게 몇 시간이 흘렀습니다. 거의 자포자기할 무렵, 택시 한 대가 그의 앞에 섰습니다. 조든은 다시 부탁했습니다. 지금은 택시비를 낼 돈이 없지만 나중에 돈을 벌면 꼭 갚겠다고.

"좋은 경기를 보여 주세요. 제가 당신의 첫 번째 팬이 되겠습니다."

조든을 태워다 준 기사는 빙긋 웃으며 이렇게 말하고는 택시를 몰고 사라졌습니다.

시카고불스에 들어간 조든은 차근차근 실력을 쌓아 나갔고, 마침내 7년 연속 득점왕과 3년 연속 MVP가 되었습니다. 명실 공히 미국 최고의 선수가 된 그는 오래전 자신에 대한 믿음을 보여 준 택시 기사를 애타게 찾았습니다. 약속을 지키기 위해서였지요. 유명 인사가 된 조든은 인터뷰할 때마다 택시 기사 이야기를 했고, 마침내 두 사람은 극적으로 만나게 되었습니다. 조든은 이렇게 말했습니다.

"사람들은 제가 시카고 경제를 움직인다고 합니다. 하지만 저를 움직이게 한 사람은 시카고의 한 택시 기사였습니다."

두 사람은 그해 시카고에서 가장 유명한 인물이 되었습니다. 그리고 둘은 아직까지 소중한 우정을 이어 오고 있습니다. 조든은 자신이 걸어온 길을 돌아보며 이렇게 말했습니다.

"성공한 농구 선수가 되는 것이 첫 번째 목표였지만, 그보다 더 중요한 것은 성숙한 인격을 가진 사람이 되는 것이라고 생각했습니다. 그 누구에게든 떳떳한 모습을 보이자고 항상 다짐했습니다."

돈을 많이 벌거나 성공을 거둔 사람들 중에는 자만에 빠진 사람이 종종 있습니다. 하지만 조든의 말처럼, 아무리 성공했더라도 어려웠을 때 자신을 도와준 이들을 돌아볼 줄 알아야 합니다. '성숙한 인격'을 갖춘 사람이 진정으로 강하고 위대한 것입니다. 성숙한 인격은 존경을 낳고, 주변 사람들을 감동시켜 자신의 편으로 만들어 줍니다. 그리고 그러한 인격은 누군가의 믿음으로부터 형성되기 시작합니다.

자녀들도 마찬가지입니다. 부모가 믿어 주면 아이는 끝까지 포기하지 않고 노력하게 됩니다. 자신을 믿어 주는 존재에게서 용기와 신념을 얻어 이것을 도전의 원동력으로 삼습니다.

부모가 실망하면 자녀는 절망한다

실패하거나 잘못을 저질렀을 때 지나간 일까지 들추어 질책한다거나 실망하는 모습을 보이는 부모 밑에서 자란 아이는 성공하기 어렵습니다. 내면에 성공을 가로막는 벽을 차곡차곡 쌓아 나가기 때문입니다. 어른이 되어도 마찬가지입니다. 어렸을 적부터 키워 온 비난에 대한 두려움이 도전을 거부하게 만듭니다. 프랑스 작가 앙드레 모루아는 "온갖 실패와 불행을 겪으면서도 인생에 대한 믿음을 잃지 않는 낙천가는 대개 훌륭한 어머니의 품에서 자란 사람들이다"라고 말했습니다.

저는 어릴 때 유리나 그릇을 잘 깨는 아이였습니다. 그러다 보니 은연중에 '나는 유리 제품을 만지면 깨는 사람'이라는 자기 최면에 걸리게 되었습니다. 그러면서 유리 제품을 깨는 경험을 몇 번 반복했습니다. 그 결과 직장 생활을 할 때도 유리 제품을 취급하는 팀에서 일을 하지 않으려는 습성을 보였습니다. 돌이켜 보면, 어린 시절 유리를 깼을 때 부모님에게서 들은 비난이 오랫동안 상처로 남아 저를 괴롭혔던 것입니다.

그런 이유로 부모가 된 뒤로 저는 아이들이 유리를 깨거나 컵을 떨어뜨려도 결코 나무라지 않게 되었습니다.

"그까짓 것 깨져도 하나도 안 아깝다. 어디 다친 데는 없니? 다친 데만 없으면 괜찮아. 다시 사면 되지, 뭐."

그래서인지 우리 아이들은 유리 제품을 대담하게(?) 만집니다. 저와는 확실히 다른 아이들이 된 거지요. 겁을 먹지 않으니 유리를 깨는 일도 거의 없었습니다.

실수나 실패를 했을 때 부모가 의연하게 대처하고 변함없는 믿음을 보여 주면 아이는 자신감을 갖습니다. 실패를 두려워하지 않고 더 큰 도전을 향해 뚜벅뚜벅 걸어갈 힘과 용기를 축적합니다. 그러면서 성공을 맛보게 되고, 긍정의 학습 효과가 생겨 강하고 위대한 삶을 살아가게 됩니다.

자녀가 비난이 두려워 의기소침한 일생을 사느냐, 실패를 넘어 도전과 성공의 일생을 사느냐는 부모의 믿음 여부에 달려 있다는 것을 꼭 기억하시기 바랍니다.

> **원칙 3** 사랑의 끈을 놓지 않는다

몸에 음식이 필요하듯 마음에는 사랑이 필요하다

아이를 강하게 키우기 위한 부모의 세 번째 원칙은 '사랑'입니다. 고대 그리스인은 사랑의 의미를 에로스, 필로스, 아가페 세 가지로 썼습니다. 에로스는 두 남녀 사이의 건강한 사랑을, 필로스는 친구에게 느끼는 애정 어린 감정을, 아가페는 이 둘을 아우르는 동시에 좋아하는 감정을 넘어서는 타인 본위의 절대적인 사랑입니다. 예수의 인류에 대한 사랑, 어머니의 자식에 대한 사랑이 여기에 해당할 것입니다. 하나님이 모든 곳에 계실 수 없어 어머니를 창조하셨다는 말은 그냥 지어낸 말이 아닙니다.

어머니의 지극한 사랑과 정성으로 아이는 무럭무럭 자라고, 가정은 평화로운 안식처가 되며, 세상은 따뜻하고 아름다운 이야기로 가득 차게 됩니다. 그 속에서 나약한 인간의 힘으로는 도저히 이룰 수 없는 기적 같은 일들이 일어나기도 합니다.

'네 손가락의 피아니스트' 이희아는 태어날 때 정상이 아니었습니다. 손가락이 넷밖에 안 되고, 게다가 무릎 아래 다리가 없는 상태로 태어났습니다. 의사는 희아가 손가락에 힘이 없어 글씨를 쓰지 못하고 뇌 기능도 점점 약해질 것이라고 말했습니다. 슬픔에 빠진 가족들은 희아를 해외로 입양시키는 것이 낫겠다고 생각했습니다.

하지만 단 한 사람, 어머니인 우갑선 씨는 반대했습니다. 우 씨는 좌절과 포기 대신 다른 길을 선택했습니다. 희아에게 피아노 레슨을 시키기로 한 것입니다. 건반을 두드리면 손가락에 힘이 생길 테고, 그것이 희아에게 희망을 가져다줄 것이라고 생각한 것입니다. 다음은 어느 인터뷰에서 우 씨가 한 말입니다.

"아이를 본 가족이 다 도망갔습니다. '하나님이 천하 만물을 만드시고 참 보기 좋았다고 했는데, 제 아이도 세상에 나온 이유가 있겠지요' 하고 기도했습니다. 그때 '생긴 모양이 다르다고 무시하지 마라'라는 소리가 들렸습니다. 얼른 일어나 아기 손을 봤더니 손가락이 두 개 달린 손이 튤립 꽃으로 보였습니다."

희아는 네 손가락으로 피아노를 치기 시작한 지 불과 1년 만에 전국학생음악연주평가대회에서 유치

부 최우수상을 받았습니다. 또 장애 극복 대통령상을 수상하기도 했습니다. 지금은 국내외에서 장애인을 비롯한 많은 사람에게 희망을 전하는 피아니스트로 분주한 나날을 보내고 있습니다.

희아의 경우와는 반대로 신체는 멀쩡한데 심리적 장애를 앓고 있는 사람들이 우리 주변에는 의외로 많습니다. 어린아이부터 어른까지, 사랑 결핍증 때문에 심리적으로 방황하는 이들을 곳곳에서 만날 수 있습니다. 얼굴은 어둡고 행동은 무기력합니다. 먹는 게 부실하면 얼굴에 버짐이 피듯, 사랑을 받지 못해 마음이 늘 불안하고 허전해 보입니다. 작은 비판과 지적에도 금방 방어적으로 변해 버립니다. 무언가에 쫓기듯 자기만의 방으로 숨어듭니다.

사랑을 받지 못한 아이는 자라서도 강해지지 못합니다. 충분한 사랑을 받지 못한 아이도 마찬가지입니다. 결국 나약한 어른이 되고 맙니다. 모자란 사랑 때문에 독립된 인격체로 성장하지 못하는 탓입니다. 이들은 끊임없이 사람들에게 사랑을 요구합니다. '나 좀 사랑해 주세요! 나도 행복해지고 싶어요! 나에게도 관심을 가져 주세요!'라고 말입니다. 또 회사와 가정에서, 혹은 부부 사이에서 이상한 행동을 보입니다. 이 역시 사랑의 결핍 증세로, 다른 사람의 관심을 끌고자 하는 행위의 단면입니다. 누군가 관심과 애정을 조금이라도 나타내면 그에게 과도하게 의존하는 경향을 보이는 것도 사랑이 없거나 부족하게 자란 이들에게서 나타나는 특징입니다. 그러다가 실망하고 외로워하며 다시 사람을 찾습니다. 실망과 배신감이 몇 번 되풀이되는 사이 그의 내면은 회복하기 힘들 정도로 불신감이 가득 차게 됩니다.

왜 미국 학교에서는
총기 사고가 빈발할까?

세계 최강대국인 미국에서 종종 발생하는 교내 총기 사건은 10대 청소년들의 불신감이 최악의 상태로 표출된 경우라고 할 수 있습니다. 총기를 휘두른 용의자들의 면면을 살펴보면, 한 가지 유사점을 발견할 수 있습니다. 이들에게 관계의 끈이 끊어져 있었다는 사실입니다. 그들의 가정을 가까이 들여다보면 서로의 사랑이 부족했고 가족 간에 서로 돌봄으로써 생기는 결속력과 친밀감이 결여되어 있었습니다.

미국의 신학자인 조시 맥도웰 박사는 〈학원 내 권총 살인 사건의 범행 동기 연구 조사 보고서〉에서 '그들은 부모와 또래들과의 관계가 끊겨 마음이 냉담한 상태였고, 생명을 존귀하게 여길 줄 아는 가치관이 결핍돼 있었다. 그들은 외로웠고, 또래로부터 왕따를 당해 온 데 대한 분노가 폭발 직전이었다'고 밝히고 있습니다.

가정이라는 형식은 갖추고 있지만 가족 구성원들 사이, 특히 부모와 자녀 간의 사랑과 결속력이 없는 것이 청소년들이 저지른 참담한 사고의 본질적 동기였던 것입니다.

당신의 자녀는 어떨까요? 사랑의 결핍을 느끼지 않도록 자녀를 변함없이 강한 사랑으로 붙잡아 주어야 합니다. 10대의 자녀라면 더욱 신경을 써야 합니다. 당면하는 혼란이 크기 때문에 특히 부모로부터 사랑과 격려가 필요한 시기입니다. 세상 모든 것이 흔들려도 부모의 사랑이 튼튼한 줄이 되어 자신을 지탱해 주고 있다는 사실을 깨닫도록 해 주어야 합니다.

저는 아이들이 어릴 적 보채고 울면 종일 업고 지내기도 했습니다. 아이들 마음속에 서러움이 생기면 안 되기 때문입니다. 어릴 때는 마음껏 어리광을 부리고 투정을 부리도록 해 주어야 합니다. 그렇게 해야 부모와의 강한 연대와 애착 관계가 형성됩니다. 분리 불안 증세가 생기면 한평생 의심병이 듭니다. 그래서 저는 '울기만 하면 우리 엄마 아빠는 달려온다'는 확신을 심어 주기 위해 아이가 한밤중에 울더라도 둘러업고 밖으로 나가 자장가를 불러 주었습니다.

과거 어떤 어머니들은 바쁘다는 핑계로 아이가 울다 지칠 때까지 내버려 두었습니다. 그렇게 자란 아이들의 마음속에는 알 수 없는 외로움과 울분이 있습니다. 그 자녀들이 자라 오늘날의 성인이 되고 기성세대가 되었습니다. 결과는 어떻습니까? 우울증과 편집증, 외로움과 고독에 몸부림치는 '성인 아이'가 너무나 많지 않습니까? 배려가 부족하고 용기나 신념도 부족하고 더더구나 인내가 부족한 부부들이 하루가 멀다 하고 이혼을 하고 있습니다. 마음속에 행복이 없다는 증거입니다.

사랑의 결핍을 채우는 두 가지 방법

그렇다면 어린 시절에 충분한 사랑을 받지 못한 채 이미 자라 버린 사람들은 어떻게 보상을 받을 수 있을까요? 성인이 된 그들이 자신의 인생에서 계속되는 불행한 악순환의 고리를 끊을 수 있는 방법은 무엇일까요?

'행복한 감성치유 연구소'의 천준협 소장이 쓴 《치유의 기술》이란 책에서 제시하는 두 가지 방법이 눈길을 끕니다.

첫째는 자신이 충분히 사랑받을 수 있도록 사랑받을 만한 행위를 하라는 것입니다. 사랑받을 만한 행위? 말은 쉽지만 실제 행하기는 어려울 것입니다. 그렇기 때문에 수많은 시행착오를 거칠 수밖에 없다고 저자는 말합니다. 그 속에서 조금씩 성숙해져 간다는 얘기지요. 행위는 또한 철저한 사전 계획을 필요로 합니다. 상황에 맞추거나 타인을 따라 하는 것이 아니라, 자신이 사랑받을 만한 행위들을 의도적으로 계획해야 한다고 합니다. 처음에는 한 가지로 시작해서 조금씩 범위를 확장해 나가면 나중에는 모든 행위가 자연스럽게 사랑으로 연결됩니다.

둘째는 아주 직접적인 방식입니다. 친구나 부모, 형제 등 주변 사람들에게 한 달이든 두 달이든 기간을 정해 놓고 충분히 자기를 사랑해 달라고 정중히 부탁하는 것입니다. 그들이 사랑해 주는 것을 충분히 맛보면서 어린 시절 사랑받지 못한 불행한 삶에 마침표를 찍고, 그들에게 같은 방법으로 사랑을 되돌려 주는 것입니다.

이렇게 3개월만 실천한다면 그 사람은 진정한 사랑이 무엇인지를 깨닫고 이제까지 느껴보지 못한 삶의 행복감을 누리게 될 것이라고 합니다.

저는 여기에다 한 가지 더 보태고 싶습니다. 아버지 학교나 어머니 학교에 등록하여 꼭 수업을 받으라고 말입니다. 실제적인 그룹 활동이 치료에 큰 도움이 됩니다.

원칙 4　스스로 어려움을 이겨낼 기회를 준다

"돌아오지 말고 네가 직접 해결해라!"

'너희는 세상의 소금이다. 소금이 짠맛을 잃으면 무엇으로 짠맛을 내겠느냐? 그러면 아무 쓸데가 없으므로 바깥에 내버리니 사람들이 짓밟을 뿐이다.'

〈마태복음〉 5장 13절에 나오는 말입니다. 여기서 말하는 '짠맛'은 '자기다움' 곧 '정체성'을 의미합니다. 그것을 가꾸고 지키라는 뜻입니다. 사람의 짠맛은 주로 독립기에 형성됩니다.

아이들은 보통 세 살 때 첫 독립기를 맞이합니다. 이때는 무조건 자기 고집대로 하려는 모습을 보입니다. 그래서 흔히 미운 세 살이라고 합니다. 애착에 따른 신뢰가 깊어지면 엄마 품을 살짝 떠나 자기 의지대로 해보고 싶은 욕구가 생기기 때문입니다. 그러다가 이내 제자리로 돌아옵니다. 생애 첫 시행착오를 겪으면서 나름대로 세상을 경험하고 사물이 두려워지기 시작하는 것입니다.

그러다가 일고여덟 살이 되면 두 번째 독립기가 찾아옵니다. 이때가 흔히 말하는 개구쟁이 시절입니다. 몸도 마음도 자유로우니 자연히 개구쟁이가 될 수밖에요. 마구 뛰고 장난을 치며 말도 안 듣고 때로 영광의 상처도 입게 됩니다.

자, 그러면 이제 마지막 독립기라고 할 수 있는 사춘기는 어떨까요? 대개 열네 살부터 열여섯 살에 찾아오는 사춘기는 신체적으로나 심리적으로 앞의 두 독립기와는 질적으로 전혀 다른 양상을 띕니다. 목소리가 변하고, 2차 성징이 나타나며, 반항적으로 변하고, 강한 호기심을 직접적인 행동으로 표현하기도 합니다. 따라서 사춘기 때부터는 이제까지와는 전혀 다른 교육법을 강구해야 합니다. 간섭보다는 자율을, 잔소리보다는 대화를, 지시보다는 부탁을 해야 합니다. 어른이 되어 가는 연습을 해야 하는 시기이기 때문입니다. 어쩌면 가장 중요하고도 본격적인 자녀 훈련이 시작되는 때라고 할 수 있습니다.

마마보이나 마마걸은 이러한 독립 시기에 부모가 모든 것을 대행해 준 결과 나타나는 병리 현상입니다. 아이 스스로 겪고 견디고 극복해야 할 것들까지 부모가 일일이 참견하고 도와주려고 하다 보니 아이 안의 자존감이 더 이상 자라지 못하고 미숙한 상태로 머물게 된 것입니다. 독립 시기에는 스스로 하도록 내버려 두고 부모의 역할은 간혹 관심을 보이고 자극을 주는 것으로 그쳐야 합니다. 그것만으로도 아이는 얼마든지 강하게 자랄 수 있습니다. 어릴 적 부모의 깊은 배려 위에서 자신의 문제와 씨름하면서 아이는 자신이 얼마나 소중한 존재인지 자각하게 되고, 스스로 자존감을 갖고 살아갈 수 있게 됩니다.

**부모보다
훌륭한 자녀로 키우려면**   사주 명리학 전문가인 조용헌 선생은 아이가 부모로부터 물려받은 기질을 뛰어넘어 더 훌륭한 사람으로 거듭나기 위해서는 절차탁마의 코스를 반드시 밟아야 한다고 강조했습니다.

그는 창업자들 중에는 천성적으로 '천불' 체질이 많다고 말합니다. 판단이 빠른 사람은 성격도 불같기 마련이라는 것이지요. 또 이런 '천불'이 나는 체질을 가진 사람들은 내성적이고 부드러운 여자를 부인으로 택한다고 합니다. 둘 사이에서 아들이 태어나면 어머니 기질을 많이 닮아 섬세한 성격의 소유자가 된다고 하네요. 그 결과, 성질 급하고 공격적인 기질의 아버지와 부딪칠 공산이 크다는 것입니다. 반면 외유내강형의 기업가들은 배짱이 있고 외향적인 여자와 결혼하는 수가 많답니다. 이들 사이의 2세는 야성이 있는데, 이 야성을 잘 다듬어서 절차탁마하면 아버지를 능가할 수 있다고 합니다. '다듬는다'는 것은 어떤 교육을 받느냐에 달려 있고, 그 교육의 핵심은 바로 시련을 견디는 것이라 할 것입니다.

그러면서 소개한 사례가 저에게 많은 것을 생각하게 했습니다. 그가 근래에 알게 된 어느 기업가의 2세가 있는데, 오렌지 냄새는 별로 안 나고 뜻밖에도 단단해 보였다고 합니다. 그 2세가 영어에 능통하게 된 계기가 아주 인상적이었습니다.

공부를 싫어하던 이 오렌지족이 호주에 유학을 가게 되었습니다. 말이

유학이지 호주에서 하는 일은 주로 노는 것이었답니다. 그러다 어느 날 교통사고를 내고 말았습니다. 상대방 잘못으로 일어난 것이기는 하지만 사망자가 발생한 큰 사고였습니다. 외국에서 사람이 죽는 대형 사고가 나자 그는 가슴이 철렁 내려앉았습니다. 교포 변호사에게 상의를 하니 다음 날 당장 한국으로 가는 비행기표를 끊는 것이 좋겠다고 하더랍니다. 다시는 호주에 돌아올 수 없다는 조건과 함께.

오렌지족 아들은 한국에 있는 아버지에게 전화를 걸어 긴박한 상황을 설명했습니다. 그러나 아버지는 단호하게 말했습니다.

"돌아오지 말고 네가 해결하라! 남자가 살다 보면 몇 년 교도소에 있을 수도 있다. 그 대신 변호사 비용은 내가 대 주마!"

냉정하게 전화를 끊은 아버지는 화장실에 가서 울었습니다. 이때부터 아들은 필사적으로 영어 공부에 매달렸습니다. 배심원제로 운영되는 호주 법정에서 자신의 무죄를 입증하려면 웬만한 영어 실력으로는 살아날 길이 없었기 때문입니다. 그는 아침에 부옇게 동이 터 올 때까지 영어 참고서를 보고 또 보았습니다. 그리고 낮에는 법정에 출두했습니다. 그러기를 2년여, 마침내 그는 스스로의 힘으로 무죄를 입증하기에 이르렀습니다.

'돌아오지 말고 네가 해결하라!'라는 2세 교육법이 노는 것만 좋아하던 유약한 아들을 몰라보게 강한 사람으로 만든 것입니다. 이 이야기는 제게 아주 깊은 인상을 주었습니다. 닥친 문제를 스스로 해결하도록 내버려 두는 절차탁마 교육법이 사람을 얼마나 크고 강하게 성장시키는지를 똑똑히 알게 되었습니다.

아이에게 스스로
도전할 기회를

언변과 재기가 뛰어난 자공이 어느 날 스승인 공자에게 물었습니다.

"선생님, 가난하더라도 남에게 아첨하지 않으며 부자가 되더라도 교만하지 않는 사람이 있다면, 그는 과연 어떤 사람일까요?"

"좋긴 하지만, 가난하면서도 도를 즐기고 부자가 되더라도 예를 좋아하는 사람만은 못하느니라."

공자의 대답을 듣고 자공이 다시 물었습니다.

"《시경》에 '선명하고 아름다운 군자는 뼈나 상아를 잘라서 줄로 간 것(절차, 切磋)처럼, 또한 옥이나 돌을 쪼아서 모래로 닦은 것(탁마, 琢磨)처럼 밝게 빛나는 것 같다'고 나와 있는데, 이는 선생님이 말씀하신 '수양에 수양을 쌓아야 한다'는 것을 말한 것일까요?"

그러자 공자는 이렇게 대답합니다.

"이제 너와 함께 《시경》을 말할 수 있게 되었구나. 과거의 것을 알려 주면 미래의 것을 안다고 했듯이, 너야말로 하나를 듣고 둘을 알 수 있는 인물이로다."

절차탁마(切磋琢磨)란 원래 톱으로 자르고 줄로 쓸고 끌로 쪼며 숫돌에 간다는 뜻으로, 학문이나 수양뿐만 아니라 기술을 익히고 사업을 이룩하는 데에도 인용됩니다. 《대학》에 '……자르듯 하고 쓸듯 함은 학문을 말하는 것이요, 쪼듯 하고 갈듯 함은 스스로 닦는 일이다'(如切如磋者 道學也 如琢如磨者 自修也)라고 하여, 절차는 학문을 뜻하고, 탁마는 수양을 뜻하는 것으로 되어 있습니다. 이 '여절여차 여탁여마'에서 여(如)를 뺀 것이 절차탁마입니다. 고대 선조들의 교육관을 살필 수 있는 중요한 구절입니다.

자녀가 부모의 울타리 안에만 있으려고 할 때가 있는가 하면, 오히려 엄마 아빠의 간섭이 싫어 독립하려는 의지를 보일 때도 있습니다. 이럴 때는 불안하더라도 단호하게 스스로 하도록 내버려 두어야 합니다. 설령 '이게 아닌데, 마냥 이렇게 내버려 두고 보고만 있어야 하나' 하는 안타까운 마음이 들더라도 아이의 미래를 생각해서 아이의 잠재된 가능성을 믿으며 기다릴 줄 알아야 합니다. 아이의 도전을 말없이 지켜보는 부모 밑에서 아이는 단련되고 성숙해집니다.

 원칙 5 '꿈'과 '비전'으로 스스로 하고 싶게 만든다

'열심히'만으로는 부족하다

"꿈꿀 수 있다면 이룰 수 있다. 기회는 준비된 자에게 온다."

월트 디즈니가 남긴 명언입니다. 그는 평범한 사람이었습니다. 재력가도 아니고 남들보다 특별한 능력을 가졌던 것도 아닙니다. 더구나 실패가 계속되었고 파산을 무려 여섯 번이나 했습니다. 하지만 그에게는 꿈이 있었고, 누구도 이루지 못할 것이라고 했던 바로 그 일을 해내면서 기쁨을 느꼈습니다. 그래서일까요? "불가능한 일을 하는 것은 일종의 즐거움이다"라고 했던 그의 말이 더욱 가슴에 와 닿습니다.

2006년 입시에서도 기적 같은 일이 일어났습니다. 학원 한 번 다녀 본 적 없는 산골 쌍둥이 형제가 나란히 서울대에 합격한 것입니다. 주인공은 전북 정읍 배영고등학교의 김강산, 김지산 두 학생이었습니다. 다섯 살에 어머니를 여의고, 목공으로 일하는 아버지와 다리가 불편한 할머니 밑에서 자란 이들 형제는 벽지에서 중학교까지 다니며 9년간 같은 반에서 공부했으며 고등학교 때는 기숙사에서 함께 생활했다고 합니다.

형제의 합격에는 아버지 김상배 씨의 남다른 보살핌이 있었습니다. 김 씨는 형제가 나약해질까 봐 일부러 교육을 엄격하게 시켰습니다. 그는 대학 시절 함께 민주화 운동에 투신했던 부인과 10여 년 전 사별한 뒤, 섬진강댐 근처인 정읍시 산내면 산골로 이사했습니다. 10킬로미터가량 떨어진 학교에 아이들을 통학시켜야 했던 김 씨는 형제가 중학교에 진학하면서부터 인근 마을 학생들을 대상으로 무료 과외 학습을 시작했습니다. 철학을 전공한 그는 지금도 과외를 계속하고 있습니다.

형제는 "중학교 때까지 아버지한테서 영어를 배웠고 집에서는 서로 영어로 대화했다"며 "고교 때 인문·사회 과학 서적을 함께 읽고 토론한 게 입시에 많은 보탬이 되었다"고 말했습니다. 주말에는 세 부자가 함께 등산을 하며 의사소통을 하고 호연지기를 키웠습니다.

김 씨는 "아이들에게 개인적 영달보다 사회에 봉사하는 삶을 가르쳤다"고 밝혔습니다. 이들을 지도한 원순길 선생은 "형제 모두 장학생으로 침착하고 사려 깊은 모범생"이라며 "공부하려는 의지가 합격의 비결인 것 같다"고 칭찬했습니다.

서울대 합격의 비밀은 '자기 주도 학습법'

그래도 여전히 의문은 남습니다. 어떻게 사교육 한 번 제대로 받지 않고 오직 집에서 아버지의 도움만으로 서울대에 들어갈 수 있었을까요? 공부에 대한 의지 외에 다른 비결은 없었을까요? 비결은 바로 어려서부터 체계적으로 익힌 '자기 주도 학습법'이었습니다.

　자기 주도 학습법이란 학습 계획을 자신이 세우고 스스로 그 목표에 도달하기 위하여 노력하는 학습법을 말합니다. 그에 반해 지금 보통의 아이들이 하고 있는 학습법은 타율에 의해 진행되는 '타인 주도 학습법'이라고 할 수 있습니다. 학원 선생이나 가정교사가 짚어 주는 대로 공부하는 학생은 유형을 벗어난 문제를 만나면 당황하여 금방 자기 페이스를 잃어버리게 됩니다. 하지만 이들 형제처럼 어릴 때부터 독서 교육을 꾸준히 받은 아이들은 자기 주도 학습법에 곧 익숙해집니다. 처음엔 조금 늦는 듯하지만 공부에 일단 불이 붙으면 스스로 학습의 재미에 빠져 점점 그 효과가 커지기 때문입니다.

　그렇다면 무조건 독서 교육만을 시키면 만사 오케이일까요? 틀린 말은 아니지만 그것만으로는 부족합니다. 자기 주도 학습법에 강한 아이들의 특징을 살펴보면 책과 친하다는 것 외에 두드러진 특징이 또 하나 있습니다. 바로 '꿈'과 '비전'입니다. 꿈과 비전은 자기 주도 학습법을 실행하는 가장 강력한 동인입니다. 즉 '내가 무엇이 되고 싶다'는 꿈이 명확할 때 비로소 그 꿈을 이루기 위해 공부를 열심히 해야겠다는 열망이 생기는 법입니다. 그것은 아이나 어른이나 마찬가지입니다. 이루고 싶은 꿈이 있을 때 현실의 한계를 뛰어넘어 자신의 잠재력을 총동원하게 되는 것입니다. 무서운 힘을 발휘하여 믿기 어려운 결과를 만들어 내는 비밀이 여기에 있습니다.

　제 막내아들인 찬이가 그랬습니다. 어릴 때부터 나름대로 자극을 많이 주고 독서도 열심히 시켰습니다. 돈이 모자라 아이가 읽을 책을 사 줄 수 없을 때는 서울 동대문 평화시장에 가서 헌책을 수십 권씩 샀습니다. 시중가의 20퍼센트면 나온 지 1년 정도 지난 책은 얼마든지 고를 수 있었습니다. 때문에 나름대로 자기 주도 학습법에 단련이 되어 있었지만, 문제는 본인이 정작 어른이 되어 이루고 싶은 꿈이 없었다는 것입니다. 그래서 인터넷 게임에 빠져 시간을 허송하고, 부모가 경찰서와 학교에 불려 가는 일도 있었습니다.
　이럴 때 제가 평상심을 잃고 몰아붙이거나 잔소리만 했다면 아이는 점점 더 저와 멀어졌을 것입니다. 저는 흔들리는 아이에게 인터넷으로 편지를 쓰기 시작했습니다. 그리고 편지를 모아 나중에 책으로 낼지도 모른다고 아이에게 말해 주었습니다. 역사적으로 위대한 선택들을 중심으로 아이가 좋아할 만한 소재를 골라 이야기를 들려주듯 글을 썼습니다. 찬이가 편지를 읽지 않을 때에는 원고 정리 좀 도와 달라는 식으로 접근해서 꿈을 정하는 것이 얼마나 중요한지를 이야기했습니다. 그렇게 한 1년간 편지를 썼습니다.

찬이가 중3이 되고 나서 얼마 지나지 않았을 무렵입니다. 뭔가 굳은 결심을 한 듯한 표정으로 저를 찾아와서는 자신의 진로를 의사가 되는 것으로 정했다고 말했습니다. 그런 다음부터 공부를 하는데, 부모인 저희가 보아도 놀랄 정도였습니다. 이전과는 너무나 달라진 아들의 모습에 속으로 은근히 걱정도 되었습니다. 중 1~2학년 때는 중상위권에 머물던 녀석이 미친 듯이 공부에 매달리더니 중학교 졸업 시험에서 마침내 전교 1등까지 치고 올라갔습니다.

여러분도 꿈과 비전으로 아이의 내면을 달구어 보세요. 당장의 성적 올리기에 급급하여 과외를 시키고 학원에 보내고 아이 옆에 붙어 앉아 지켜보아도 아이는 변하지 않습니다. 아이를 진정으로 변화시키는 힘은 아이를 자극하고 꿈을 심어 주는 것입니다. '몽상가'라거나 '미쳤다'는 소리를 들을 정도로 황당무계해 보이는 꿈일지라도 이루어지는 경우가 분명 있다는 점을 상기시켜 주는 것이 좋습니다. 지금 당장은 너무 멀고 험해 보이지만 하나하나 준비하고 노력하는 과정에서 꿈은 조금씩 현실이 된다는 사실을 말입니다. 그 과정에서 지쳐 포기하지 않도록 격려하고 힘을 주는 것이 바로 진정한 부모의 역할입니다.

CEO 엄마의 리더십

《Mom CEO》의 저자 강헌구 박사는 말합니다.

"자녀 교육에 관해서만큼은 둘째가라면 서러워할 정도로 열성인 이 땅의 엄마들. 그러나 그 '열심히'에 바로 큰 함정이 있습니다. '열심히'가 때로는 도를 넘어 오히려 자녀들에게 큰 부담으로 작용하기도 하기 때문입니다."

그렇습니다. 강 박사의 말처럼 분명 '현명하게 잘하는 것'과 '무조건 열심히 하는 것'에는 커다란 차이가 있습니다. 그래서 필요한 것이 엄마의 CEO적 리더십입니다. 엄마들이 혼란스러운 것은 엄마 스스로 자녀를 이끌 지도를 갖고 있지 않기 때문입니다. 무작정 자녀의 성공을 원할 뿐 자녀들의 손에 행복의 골든 티켓을 쥐여 주는 방법은 정작 잘 모른다는 것이 강 박사의 지적입니다.

강 박사는 대한민국의 모든 엄마가 'Mom CEO'로 변신해야 한다고 목청을 높입니다. 맞는 말입니다. 밥하고 빨래하고 아이들 학원 끊어 주는 가정부 노릇만으로는 안 됩니다. 엄마는 아이의 비전을 일깨워 주고 그 꿈을 코치하고 리드해야 합니다. 당당히 가정의 CEO가 되어 리드하는 엄마 밑에서 아이는 자신의 성취와 행복을 스스로 만들어 가는 강한 존재로 변신합니다.

저의 이런 주장이 거추장스럽고 거북하게 들릴지도 모르겠습니다. 하지만 아이가 대학에 들어갈 때쯤이면 모든 것이 현실로 드러납니다. 《성경》에서 '울며 씨를 뿌리는 자는 기쁨으로 단을 거두리라'라고 했습니다. 단을 거둘 때를 위하여 오늘 씨를 뿌리는 엄마 아빠가 되시기를 바랍니다.

원칙 6 아이와 진심으로 교감한다

마음과 낙하산은
펼치지 않으면 소용없다

퇴근 후 집에 돌아와 보니 아이가 텔레비전 삼매경에 빠져 있습니다. 아이에게 열을 셀 때까지 끄고 방으로 들어가라고 명령하는 아빠. 이런 아빠들일수록 목소리가 큰 것이 특징입니다. 무엇을 시켰을 때 바로 안 하면 열 셀 때까지 하라면서 수를 헤아립니다. 아빠는 명령하고 아이는 복종하는 관계가 오래가면 아이는 아빠에게 다가가지 못하고 초등학교 저학년 때부터 아빠의 품을 떠날 생각을 합니다. 결국 가족보다는 친구나 컴퓨터를 더 좋아하고 그것에 빠지게 됩니다.

《아빠의 습관 혁명》이란 책을 쓴 권오진 씨는 아빠들이 아이의 좋은 습관을 키워 주고 나쁜 습관을 변화시키는 비법이 딴 데 있지 않다고 말합니다. 평소 자녀와 교감을 나누는 게 가장 중요하다고 합니다. 그 속에서 애정과 신뢰가 쌓인다는 것이지요. 아이는 기타를 배우고 싶어 하는데 거금을 들여 비싼 디지털 피아노를 사 오는 아빠는 아이에게 관심은 있으나 교감이 부족한 아빠입니다. 아이를 항상 판단이 미숙한 존재로 취급하여 아이의 말을 들어 주기보다는 자기가 생각한 대로 이끌어 가야 직성이 풀립니다. 그것이 곧 부모가 할 일이라는 착각에 빠져 있습니다. 착각에 빠진 아빠의 최선은 둘의 관계를 어긋나게 합니다. 아이는 아이대로 마음이 상하고, 그런 아이를 보며 아빠도 적이 실망합니다. 이런 일이 반복되다 보면 아이는 점점 아빠에 대한 부정적인 마음을 쌓아 가고 급기야 적대감까지 드러냅니다.

몽골 초원을 여행하다 보면 강을 자주 만나게 됩니다. 초원을 끼고 흐르는 강은 많은 굴곡을 만들며 굽이굽이 흘러갑니다. 강들은 제각기 달라도 흘러가는 방향은 어디서나 똑같습니다. 바로 낮은 곳입니다. 낮은 곳을 향해 평원의 파인 곳들을 누비며 쉬지 않고 흘러갑니다. 그 덕분에 강 기슭에는 항상 푸른빛이 살아 있습니다. 풀과 나무가 자라고 온갖 동물이 서식하는 환경이 조성되는 것입니다. 강이 멀리 돌아갈수록 주변의 더 많은 지역이 푸르러집니다. 강이 돌아갈수록 강이 만드는 축복의 지역은 넓어집니다.

초원에서 만나는 강은 우리에게 생의 이치를 깨우쳐 줍니다. 한달음에 목적지에 이르는 것보다는 그 과정이 중요하다는 것을. 느림의 미학이랄까요. 때로는 돌아가는 것이 우리 삶을 더욱 풍성하게 하고 새롭게 합니다.

무언가를 하다가 잘 안 될 때나 공부에 진전이 없어 힘들어 할 때 자녀에게 온유함을 가지도록 배려해 보세요. 직선 코스로 똑바로 가기보다 돌아가는 것도 좋은 방법이라는 것을 가르쳐 주세요. 목적도 중요하지만 목적에 이르는 과정도 그에 못지않게 중요하다는 것을 알도록 해야 합니다. 낮은 곳을 향해 가는 강물이 곡선을 그리며 새로운 초원을 만들듯, 돌아가는 과정에서 더 많은 것을 느끼고 배울 수 있다는 것을 말이지요. 그리고 세월이 지나면 그 덕에 인생이 풍요로워지고 깊어졌음을 깨닫게 될 것이라고 말해 주세요. 그렇게 다정다감한 아버지가 곁에 있다면 아이에게 세상 무엇이 두렵겠습니까?

자녀를 향한 마음, 표현 안 되면 의미가 없다

그런데 문제는 이 땅의 아버지들에게 시간이 없다는 것입니다. 최근 조사 결과를 보면, 한국의 아버지들이 평일에 아이들과 지내는 시간이 2.8시간에 불과합니다. 일본, 미국, 프랑스, 태국, 스웨덴 등 조사 대상 6개국 중 꼴찌였습니다.

저 역시 아버지와 소통하며 산 세월은 고작 10년 9개월밖에 되지 않습니다. 아버지는 제가 초등학교 4학년 때 이미 아버지의 길을 포기해야 했습니다. 그때부터 저는 아버지는 차라리 없는 게 낫겠다는 심정으로 살았습니다. 그야말로 기억조차 하기 싫은 질곡의 시간을 보냈습니다. 중풍으로 투병하는 아버지와 성장통을 겪는 아들은 소통할 길을 찾지 못하고 그렇게 세월이 흘러 아들은 아버지가 되었고 또 아들이 생겼습니다.

저는 제가 다니지 못한 '아버지 학교'를 아들에게만은 다니게 하고 싶어 아들과 함께 180킬로미터를 작정하고 걷기도 했습니다. 제 고향 영덕을 출발해 부산까지 장장 180킬로미터를 5박6일 동안 걸었습니다. 정말

힘들고 지쳐 포기하고 싶은 순간도 있었지만, 마음을 열고 아들과 대화하면서 서로를 깊이 이해하는, 진솔한 교감의 시간이었습니다. 아들과 저에겐 결코 잊을 수 없는 아름다운 추억이 되었습니다. 그리고 그 여행기를 아들과 함께 글로 써서 출간한 것이 바로 《17살, 네 인생의 지도를 펼쳐라》였습니다. 이 책은 2007년 베스트셀러가 되고 그해 문화관광부 교양 추천 도서에 선정되기도 했습니다.

아버지 학교는 무슨 거창한 현판이 걸린 학교가 아닙니다. 별도의 교재가 준비되어 있거나 따로 교실이 마련되어 있지도 않습니다. 제게는 곡절 많고 평탄치 않던 병든 아버지의 삶이 교재라면 교재였습니다.

《아들에게 아빠가 필요한 100가지 이유》를 쓴 그레고리 E. 랭은 이렇게 말했습니다.

"아이의 자라나는 모습을 지켜보기 위해 하던 일도 멈추는, 그래서 아이에게 자신이 얼마나 소중한 존재인지를 일깨워 주는 그런 아빠가 필요하다."

자기 아이에게 마음을 쓰지 않는 아버지는 없습니다. 하지만 마음과 낙하산은 펼치지 않으면 소용이 없습니다. 그 마음을 펼쳐 나만의 '아버지 학교'를 열어 보기 바랍니다. 24시간이 아니라 1시간, 아니 30분, 그것도 힘들면 밥상머리에서 단 10분만이라도 아이에게 온전히 집중하는 시간을 가져 보시기 바랍니다.

전 더 많은 사람이 '자녀와의 아버지 학교'를 열기를 바랍니다. 아버지와 자녀가 서로의 일상을 소중하게 여기고 딱딱했던 마음이 스르르 녹아내리는 기분을 맛보기를 바랍니다. 늘 같은 시간에 허겁지겁 일어나, 늘 타던 버스를 타고 직장으로 가고, 늘 다니던 길로만 다니고, 그 길가에 있는 단골가게에서 늘 사던 식료품을 사고, 늘 앉던 소파에 같은 자세로 앉아, 늘 보던 텔레비전 프로그램을 보고, 그럭저럭 잠이 드는 생활을 한다면, 과감하게 아들과 혹은 딸과 단둘이 배낭여행을 떠나는 건 어떨까요? 장소와 시간은 중요하지 않습니다. 국내든 외국이든, 여름이든 겨울이든 괜찮습니다. 스스로 선택한 길을 자신의 걸음걸이로 끝까지 걸어가면 되는 것입니다. 목적은 오직 하나, '진정한 자아를 찾은 아버지와 자녀의 소통을 위해서' 말입니다.

걷기는 육체적 행위인 동시에 잠들어 있는 감각과 생각을 일깨우는 정신적 쉼표입니다. 또한 걷기는 떠남입니다. 우연히 내딛는 걸음걸음이 인간을 과객으로, 길 저 너머의 나그네로 변모시키기 때문입니다. 나그네가 된다는 것은 세계를 향해 자신을 열어 놓는 것입니다. 발로, 다리로, 몸으로 걸으면서 인간은 자신의 실존에 대한 행복한 감정을 되찾게 됩니다. 그리고 가장 중요하게는 아이들에게 자신의 마음을 그대로 열어 보이게 됩니다.

사회생활을 하면서 직원을 뽑을 때 가장 신경 쓰이는 부분이 인화 문제입니다. 실력은 되는데 인간성이 모자란 사람이 의외로 많습니다. 그보다 더 큰 문제는 마음의 문을 여는 사람이 적다는 것입니다. 이유야 여러 가지겠지만 가장 큰 이유는 진심으로 대하고 소통하는 방법을 부모로부터 배우지 못했기 때문입니다.

언젠가 제가 한숨을 푹푹 쉬고 있는데, 아이들이 다가와 물었습니다.

"아빠, 왜 얼굴이 어두우세요? 무슨 걱정이라도 있으세요?"

"응, 아빠가 내일까지 준비해야 할 돈이 700만 원 정도 되는데, 잘 구해지지 않네. 그래서 지금 마음이 무척 힘들어. 그리고 밥맛도 없어. 어떻게 하면 될까 생각하는 중이었단다."

"아빠, 내일 일은 내일 염려하라고 《성경》에도 나와 있잖아요. 아빠도 우리한테 그러셨잖아요. 걱정하면 안 일어날 일도 일어날지 모르니 걱정 대신 기도하라고. 그러니 같이 기도하세요."

이렇게 대화를 하다 보면 마음속에 드리워져 있던 어두운 그림자가 어느새 다 떠나가고 없습니다. 자녀에게 문제가 있을 때는 있는 대로, 가정에 큰일이 일어났을 때는 있는 그대로 마음의 문을 열어 이야기하는 부모가 되어야 아이들도 어른이 되었을 때, 자신의 마음을 터놓고 의논하는 상대를 찾게 됩니다. 이는 환자가 의사에게 자신의 환부를 훤히 내보이는 것과도 같습니다.

속에 있는 솔직한 마음을 그대로 표현할 줄 아는 아이, 어려울 땐 어렵다 말하고 도움을 청할 줄 아는 아이, 목적보다 과정에서 많은 것을 느낄 줄 아는 아이가 진정 강한 아이입니다. 그리고 그런 강한 아이는 열린 마음으로 교감하는 부모 밑에서 자라납니다.

원칙 7 '행복' 만큼 좋은 영양분도 없다

손을 잡으면 행복이 눈처럼……

　노르웨이 극작가인 입센은 "결혼 생활의 거친 바다를 헤쳐 갈 나침반은 아직 발견되지 않았다"라는 유명한 말을 남겼습니다. 그러나 저는 그 말에 동의하지 않습니다. 왜냐하면 결혼 제도를 처음 만드신 조물주께서 부모의 사랑이라는 정확한 나침반을 우리에게 주셨기 때문입니다. 자녀에 대한 사랑으로 거친 결혼의 바다를 항해할 수 있도록 말이지요. 인생의 나침반이 되는 사랑과 배려로 결혼 생활이라는 바다를 항해한다면 고통스럽고 불안한 모험이 아니라, 설레고 흥미진진하며 즐거운 모험이 되리라 믿습니다.

　인생을 행복하다고 느끼는 사람들을 조사해 보았는데, 그들은 모두 주변 사람들과 감성의 교류를 통해 조화로운 관계를 만들고 있었습니다. 이웃이나 가족 간에 충분한 교류가 있는 사람들은 인생을 행복하다고 느낍니다. 건강하고 행복한 부부 관계도 마찬가지입니다. 감성적인 교류를 많이 하는 것이 필요합니다.

  감성의 교류에 대해 연구한 결과, 마음을 나눌 수 있는 친구가 스트레스를 낮춰 준다고 합니다. 스웨덴의 노딘 박사 팀이 연구한 것에 따르면, 친구가 없는 사람은 그렇지 않은 사람에 비해 수면 장애를 앓을 위험이 네 배 이상 높은 것으로 나타났습니다. 또 이 연구 팀은 《심리 과학》이라는 학술지에 '손을 잡는 행위가 스트레스를 줄여 준다'는 사실을 과학적으로 입증한 논문을 실었습니다. 결혼 생활에 크게 만족한다는 16명의 기혼 여성을 대상으로 실험을 했습니다. 먼저 그 여성들에게 낮은 전기 자극을 주었습니다. 그러자 실험 대상 여성들의 스트레스가 높아졌습니다. 이때 차례로 남편의 손과 모르는 사람의 손을 잡게 했고, 마지막으로는

누구의 손도 잡지 않도록 했습니다. 결과가 어떻게 나왔을까요? 남편의 손을 잡고 있을 때는 위협 상황에서 느끼는 스트레스가 즉시 줄어드는 현상이 뇌 스캔을 통해 확인되었습니다. 그것도 아주 큰 폭으로 줄어들었습니다. 낯선 사람의 손을 잡았을 때도 스트레스가 줄긴 했지만 그 정도는 훨씬 작았습니다. 끝으로 누구의 손도 잡지 않은 경우에는 스트레스가 계속 고조되었습니다.

이 실험을 통해 사랑하는 사람의 손길이 스트레스를 줄여 준다는 사실이 과학적으로 증명되었습니다. 사랑하는 사람이 손을 잡고 옆에서 같이 아파해 주면 신체적 고통까지도 줄어들 수 있다는 것입니다.

감성 교류는 서로의 생각을 전달하는 것이 아닙니다. 서로의 느낌을 나누고 공감하는 것입니다. 감성이 충분히 교류되고 공감이 형성되면 사람들은 행복을 느끼고 상처가 치유됩니다. 아내가 힘들어 할 때 흔히 남편들은 대책이나 해결 방안을 설명하려 드는데, 그러면 안 됩니다. 아내가 힘들어 할 때는 "그래, 힘들지? 내가 당신이라도 그럴 것 같아" 하면서 공감해 주기만 해도 마음의 안정을 되찾을 수 있습니다. 아이들도 마찬가지입니다. 자녀들이 아파하고 힘들어 할 때 "그래, 네 마음 알아. 그런 상황이라면 아빠(엄마)도 너처럼 마음이 아플 거야"라고 다정하게 말해 주세요.

감성의 상처, 어떻게 치유할 것인가

감성적인 교류가 이처럼 내적 고통을 덜어 주기도 하고 사람을 행복하게 만들기도 하는데, 우리는 왜 이걸 잘

못할까요? 그것은 우리가 어릴 때부터 충분한 감성 교류를 경험하면서 자라지 못했기 때문입니다.

아이들이 장난을 치다가 컵이나 꽃병을 깨뜨리면 어머니가 재빨리 달려갑니다. 그러고는 "아이고, 이놈의 자식이 그렇게 조심하라고 일렀건만. 너 이리 와. 왜 그랬어? 좀 맞아야 정신을 차리겠니?" 하면서 역정부터 냅니다. 대부분의 가정에서 아이들의 실수나 잘못에 대해 관대하지 못하고, 소리치거나 야단치고, 때리면서 가르칩니다. 아이는 자기도 놀라서 울고 싶고 속상한데 야단까지 맞으니 욱하는 감정이 일어납니다. 이는 상처에 소금을 뿌리는 격입니다.

이런 행동은 자녀들로 하여금 반성의 싹을 자르고 반감의 싹만 키우게 합니다. 감성의 교류가 아니라 역류를 일으키는 것이지요.

자신의 생각과 느낌이 충분히 받아들여지고, 인정되고, 공감되는 분위기에서 자라지 못한 아이들의 마음에는 분노가 쌓입니다. 그 분노는 자신에 대한 분노이기도 하고, 주변 사람들에 대한 분노이기도 합니다. 자신에 대한 분노가 강해지면 심한 열등감이 나타나고, 주변 사람에 대한 분노가 커지면 주변 사람들과의 부조화나 갈등으로 표출됩니다.

이렇게 감성이 상처 입은 것을 '감성 오염'이라고 합니다. 감성이 오염되면 사람들의 반응을 객관적으로 바라보지 못합니다. 사람들의 반응을 자신에게 해로운 쪽으로 받아들여 타인을 공격하거나 반대로 지나치게 움츠러들게 됩니다. 이런 사람들이 만나서 결혼을 하면 정상적인 생활을 하기가 어렵습니다. 어릴 때 사랑을 충분히 받아 보지 못했기 때문에 상대방을 이해하고 사랑을 주기보다는 사랑을 요구하게 됩니다. 그러나 사랑을 요구하는 것은 상대방도 마찬가지입니다. 비슷한 성향을 가진 두 사람이 서로 사랑해 달라고 요구만 하다 보면 결국 상처만 안게 됩니다. 그리고 이상 행동들을 보입니다. 가정 폭력, 회사에서의 부적응, 약물 중독 등은 거의가 사랑의 결핍 증세입니다.

어떻게 하면 이렇듯 불행한 이들이 처한 악순환의 고리를 끊을 수 있을까요? 천준협 씨의 저서 《치유의 기술》에 이런 내용이 나옵니다.

남편의 폭력과 학대에 시달리다 거의 죽을 지경이 된 여인이 절박한 심정으로 상담을 받으러 왔습니다. 상담사는 상처받은 여인의 마음을 치유하기 위해 한 가지 과제를 내 줍니다. 집에 가서 남편의 발을 씻어 주라는 것이었습니다. 착한 여인은 상담사의 말대로 했습니다.

그런데 다음 상담 시간에 온 그녀의 얼굴은 퍼렇게 멍이 들어 있었습니다. 과제 수행이 순탄치 않았던 것입니다. 그녀가 대야를 의자 앞에 갖다 놓고 발을 씻어 주겠다고 하자, 남편은 갑자기 안 하던 짓을 하는 아내를 의아하게 바라보았습니다. 그래도 일단 자리에 앉기는 했지요. 그는 발로 아내의 얼굴에 물을 튀기면서 비아냥거렸습니다. 그러잖아도 분노를 꾹꾹 누르며 관계를 회복해 보려고 죽을힘을 다하고 있던 아내는 그 순간 폭발하고 말았습니다. '세상에 이렇게까지 나를 무시하나' 하는 마음에 그만 대야의 물을 남편에게 들어부었습니다. 순수하고 착한 사람의 폭발은 이처럼 과격하고 그만큼 더 심각합니다. 눌러 둔 감정들이 걷잡을 수 없이 튀어나와 극한으로 치닫기 때문이지요.

상담실에 앉은 그녀는 눈물을 흘리며 말했습니다.

"제가 이렇게까지 노력하는데 왜 안 되는 걸까요?"

상담사는 그녀의 마음이 진정되기를 기다렸다가 다시 과제를 내 주었습니다. 또다시 시도해 보라고요. 대신 이번에는 남편이 또 그렇게 나오면 물을 튀긴 그 발바닥을 뺨에 갖다 대고 "당신이 아무리 그래도 당신은 내 거야"라고 말하라고 했습니다. 그리고 발을 닦아 주면서 "당신은 발도 예쁘고 모든 게 멋있는 사람이에요"라고 말해 주라고 했지요. 더 힘든 과제를 내 준 셈입니다. 한참 눈물을 흘린 뒤 그녀는 고개를 끄덕이며 돌아갔습니다.

그리고 다음 날, 그녀는 상담사에게 들뜬 마음으로 전화를 했습니다. 어제 내 준 과제를 그대로 했다는 보고 전화였습니다. 역시나 물을 떠 놓고 발을 씻어 주니 남편은 또다시 그녀의 얼굴에 물을 튀겼다고 합니다. 그래도 꾹 참고 발을 닦고 있으니 이번에는 발가락으로 머리를 밀더라는 것입니다. 지난번 같았으면 욱하는 마음에 물을 들어부었을 텐데, 그녀는 상담사의 말을 기억했습니다. 남편의 발목을 꽉 잡고 자신의 뺨에 갖다 대었습니다. 그리고 차분하고 진지하게 말했습니다.

"아무리 그래도 당신은 내 거야. 당신은 발도 예쁘고 다 예뻐요. 모든 게 멋있는 사람이에요."

그 순간, 남편은 조용해졌습니다. 그리고 아주 얌전한 어린아이처럼 그녀에게 발을 맡겼습니다. 그날 밤 부부는 참으로 오랜만에 행복한 시간을 보냈습니다. 다음 날 아침, 남편은 일어나자마자 아내의 손을 꼭 잡고 진심을 담아 "여보, 이제부터는 내가 잘할게"라고 했답니다.

오염된 감성은 꼭 치료해야 합니다. 그러지 않으면 결국엔 폭발하고 맙니다.

원칙 8 애정에도 철학이 필요하다

중요한 것은
속도가 아니라 방향이다

한 유아 교육 세미나에서 독서를 통한 자녀 교육으로 유명한 '푸름이 아빠' 최희수 씨의 강의를 듣게 되었습니다. 그의 강의를 들으면서 제가 세 자녀를 키우며 느껴 왔던 모든 의문이 풀렸습니다. 그는 저보다 한발 앞서 가며 자녀 교육에 대한 엄청난 노하우를 가지고 있었습니다. 강의가 끝나고 그와 대화하면서 그간의 제 사고를 바꿔 놓을 인물을 만나게 되었습니다. 조기 교육의 아버지로 불리는 카를 비테 목사였습니다.

200여 년 전, 카를 비테는 아들 비테가 열네 살이 될 때까지 실시한 교육을 책으로 만들어 세상에 공개했습니다. 1818년에 펴낸 《카를 비테 교육》이라는 책입니다. 아마도 조기 교육의 고전이라 할 수 있을 것입니다. 하지만 그 당시에는 큰 관심을 끌지 못했는데, 타고난 천성보다는 교육이 중요하며 평범한 아이라 할지라도 적절한 교육을 통해 비범한 아이로 만들 수 있다는 그의 생각을 사람들이 믿어 주지 않았기 때문입니다. 사람들은 하나같이 영재는 하늘이 내지 않으면 안 된다고 믿고 있었습니다.

카를 비테는 흔들리지 않는 신념의 소유자였습니다. 그는 영재는 태어나는 것이 아니라 만들어질 수 있다는 자신의 교육 철학을 직접 증명해 보이기로 마음먹었습니다. 그래서 결혼을 하고는 아이를 갖기 위한 사전 작업부터 시작했습니다. 부부가 함께 자연을 배경으로 심신을 수양하고 임신을 한 후에는 태교를 통하여 아이에게 사랑과 관심을 듬뿍 주었습니다. 그 결과 어여쁘고 영특한 아기가 태어났고, 아들을 자신의 신념대로 키워 결국 교육이 천성에 우선한다는 것을 입증했습니다. 아들 비테는 여덟 살 때 독일어와 프랑스어 등 여섯 가지 언어를 자유롭게 구사하게 되었고, 열네 살에 수학 관련 논문으로 철학 박사 학위를, 열여섯 살에는 법학 박사 학위를 받아, 베를린 대 법학 교수로 임명되었습니다.

카를 비테에 관한 자료는 아쉽게도 별로 남아 있지 않습니다. 그는 시골 목사에 지나지 않았으나 대단한 학자였고 창의적인 식견을 가진 인물이었습니다. 게다가 소신과 의지도 강해서 남의 비평에 흔들리지 않았으며, 자기 생각을 거침없이 실행하는 사람이었습니다. 그래서 사람들에게 괴짜라고 불리기도 했습니다.

그는 다음과 같이 말했습니다.

"우리는 가능한 한 우수한 정신과 건강한 신체를 아이에게 주어야 할 의무가 있다. 그 의무를 잘 수행하기 위해 아이를 갖기 전부터 정신과 신체에 각별히 신경을 써야 한다. 의식주를 검소하게 하고, 맑은 물을 마시며, 자주 자연으로 나가 신선한 공기를 마셔야 한다. 또한 마음의 평화를 유지하며, 되도록 감정을 격하게 하지 않고, 늘 감사하는 마음으로 생활해야 한다. 그렇게 하면 심신이 건강한 아이를 낳을 수 있다. 그 밖에도 건강하고 고결한 정신을 가진 선량한 배우자를 선택하는 것을 원칙으로 하며, 임신을 하게 되면 생활을 한층 더 단정히 하고, 정갈한 음식을 먹으며, 신체를 청결히 하고, 그날그날의 책임과 의무를 성실히 수행해야 한다. 사람들과 잘 지내고, 신앙을 가지며, 잘 웃고, 즐겁고 편안한 마음으로 생활하는 것이 중요하다."

이것이 그의 결혼관이었습니다. 자녀 교육에 대한 분명한 원칙과 계획을 결혼 전부터 가지고 있었던 것입니다.

우리 아이들의 가장 큰 문제는 각본대로만 움직이는 것

자녀 교육에서 단순한 애정보다 더 중요한 것은 부모의 확고한 원칙, 곧 철학입니다. 이종철 선생은 그의 책 《믿는 부모》에서 "부모에게는 보다 멀리 보는 안목이 필요합니다. 남들 하는 대로 따라 하지 말고, 분명한 자녀 교육 철학을 가지고 소처럼 뚜벅뚜벅 자기 길을 가는 것이 좋습니다"라고 말합니다.

오늘날 부모들에게서 발견할 수 있는 문제가 바로 이것입니다. 철학이 부재하다 보니 우왕좌왕하면서 성적이 유일한 판단 기준이 되고 끊임없이 옆집 아이와 비교하게 되는 것입니다. 그 어느 때보다도 자녀에 대한 사랑은 차고도 넘치는데 그 사랑이 방향을 잡지 못한다는 데 문제의 심각성이 있습니다.

철학은 애정이 어디로 향하는가를 묻는 것입니다. 중요한 것은 속도가 아니라 방향입니다. 빨리 가는 것보다 제대로 가는 것이 훨씬 더 중요합니다. 서울에서 부산에 가야 하는데 북쪽을 향해서 간다면 아무리 200킬로미터의 속도로 간다 한들 무슨 소용이 있겠습니까. 오히려 60킬로미터의 속도라도 제대로 가는 것이 중요합니다. 유감스러운 것은 부모들이 목적지에는 관심이 없고 남보다 빠르지 않다는 점만 안타까워한다는 사실입니다.

그렇습니다. 철학이 있고 소신을 가진 부모는 자녀 교육의 목표가 분명합니다. 철학이 있는 부모는 자기 자녀를 잘 아는 부모입니다. 자녀의 숨어 있는 재능이 무엇인지 알고, 그 재능이 반드시 꽃필 것이라는 확신을 갖습니다. 반면에 철학이 없는 부모는 다른 사람들 시선이나 점수에 맞추어 재능과는 상관없는 엉뚱한 곳으로 자녀를 몰고 가다가 결국 실패자로 만들고 뒤늦게 후회를 합니다.

'해리 포터' 시리즈의 저자 조앤 K. 롤링의 어머니는 롤링이 열다섯 살 되던 해에 불치병 진단을 받았습니다. 그럼에도 어머니는 변함없이 일을 하고 웃음을 잃지 않았습니다. 일이 없으면 교회에 나가 청소라도 했습니다. 손에서 일을 놓을 수 없다는 평소의 생각 때문이었습니다. 의연한 어머니의 모습에서 롤링은 '강한 의지'라는 삶의 무기를 얻었습니다.

또 아버지와 어머니 둘 다 책 읽기를 즐겼습니다. 어린 두 딸에게 책을 읽어 주는 부모로도 유명했습니다. 책 읽기는 자연스럽게 글쓰기로 이어져 롤링은 여동생을 독자로 삼아 습작에 나섰습니다. 어머니도 독자가 되어 주면서 롤링을 아주 자랑스럽게 생각했습니다. 롤링의 글쓰기 재능은 부모가 물려준 위대한 유산이나 다름없었습니다.

그에 반해 철학이 허약하거나 부재한 부모는 오로지 성적 올리기에만 급급하여 아이를 공부 기계로 만듭니다. 아이의 개성이 어떤지, 소질이 무엇인지는 관심 밖입니다. 그러고는 나중에 잘못을 뉘우칩니다. 결과적으로 아이의 방황과 갈등, 반항에 놀라고 다시 돌이킬 수 없다는 사실에 절망합니다. 정년 보장 교수직 심사에서 15명을 탈락시켜 언론에 크게 부각된 서남표 카이스트 총장은 한국 교육에서 가장 큰 문제가 무엇인가라는 질문에 "아이들이 너무 짜인 각본대로 자란다는 것이다. 부모가 정해 준 계획표대로, 부모가 보내 주는 학원에서만 공부한 아이들이 나중에 얼마나 큰 인물이 될지 의문이다. 이런 아이들이 어려움에 맞닥뜨렸을 때 스스로 해결하는 방법을 찾을 수 있을까?"라고 대답했습니다.

대한민국에서 자녀를 교육한다는 것은 마치 흐르는 물을 거슬러 올라가는 것과 같습니다. 학교나 이웃 엄마들, 그리고 매스컴이나 학원의 상업성 광고들에 현혹되지 않을 부모는 없습니다. 하지만 이것을 거슬러 올라갈 만한 소신이 있어야 내 아이를 위대하고 강한 아이로 키울 수 있습니다.

사람은 누구나 가정을 갖고 자녀를 낳을 수 있지만, 부모 노릇을 제대로 하기는 쉽지 않습니다. 그럼에도 불구하고 실제로 노력을 기울이는 부모는 많지 않습니다. 운전면허를 따기 위해서는 열심히 공부하고 돈을 들여 학원에 나가면서도 정작 가장 중요한 자녀 양육을 배우는 데는 별다른 투자를 하지 않는 것입니다. 참으로 기이하고 모순된 현상이 아닐 수 없습니다. 우리 부모들의 부끄러운 자화상입니다.

부모의 역할에 혼란을 느끼고 계십니까? 끝없이 배우고 실천하세요. 그 속에서 뚜렷한 자기 주관을 세워 나가야 합니다. 더 이상 기존의 상식과 경험에 의지하여 시행착오를 반복하는 우를 범하지 말고, 분명한 철학을 견지하여 자녀가 흔들리지 않고 자기 길을 꿋꿋이 걸어갈 수 있도록 든든한 버팀목이 되어 주세요. 자녀의 행복한 미래는 그곳에서 열리기 시작합니다.

환경 1 사랑과 진리를 분담하는 부모라는 환경
환경 2 아이들이 들어오고 싶은 가정이라는 환경
환경 3 아이의 미래를 위해 바꿔야 할 분위기 세 가지
환경 4 아이의 숨은 힘을 불러내는 언어 환경
환경 5 부모만큼이나 중요한 선생님이라는 환경
환경 6 성장 단계에 따른 '맞춤 교육'이라는 환경
환경 7 아이의 마음에 창을 내는 독서 환경
환경 8 아이의 정체성을 흔드는 '무서운 생활 도구들'

아이를 강하게 키우는 환경

환경은 유전자보다 강하다

많은 것이 우리를 기다려 준다. 하지만 아이들은 기다려 주지 않는다. 지금 이 순간에도 아이들의 뼈는 단단해지고 있고, 피는 만들어지고 있으며, 감각은 발달하고 있다. 아이들에게 우리는 '내일'이라고 말할 수 없다. 그들의 이름은 '오늘'이다.

-요한 크리스토프 아놀드(영국 사회운동가)

> 환경 1　사랑과 진리를 분담하는 부모라는 환경

대우는 차별 말되 훈육은 차별하라

자녀 교육이 부부 공동의 작업이라는 것은 누구나 다 아는 사실입니다. 어느 한쪽으로 치우쳐서도 안 되고 따로따로 이루어져서도 안 되는 일입니다. 아빠와 엄마의 하모니가 절대적으로 요구됩니다. 하모니가 깨지면 아이의 정상적인 성장에도 금이 가게 마련입니다. 아빠의 역할 부재는 아이의 인격에 불균형을 초래하고 모성의 부족은 아이를 평생 내적 불행에 시달리게 합니다.

아이의 인격 성장과 아빠의 역할에 대해서는 일찍이 프로이트가 통찰력 있게 설명한 바 있습니다. 흔히 '오이디푸스 콤플렉스'라고 불리는 아빠와의 긴장 관계를 통해 아이의 성격이 달라진다는 것입니다. 남근기(3~5세)를 거치는 동안 엄마를 독점하고 싶은 욕구와 아빠에 대한 적대감 및 두려움이 갈등을 일으키는데, 이 갈등이 잘 해소되면 아빠와의 동일시를 통해 초자아를 발달시키지만 그렇지 못하면 자기를 과장하거나 죄책감을 갖게 된다고 프로이트는 주장했습니다. 많은 교육학자도 '아빠라는 존재는 아들에게는 남성다움의 모범이며, 딸에게는 장래 배우자상의 모범이 된다'고 말합니다.

비록 프로이트의 이론이 인간 발달의 결정적 동인을 성적(性的) 충동으로만 단순화하여 설명한 것은 문제지만, 그의 통찰력은 귀담아들을 만한 가치가 있습니다.

발달심리학적으로 아빠가 아들에게 엄마를 향한 사랑싸움의 경쟁자가 된다는 이론은 꼭 부정적인 것만은 아닙니다. 이는 한편으로 모성에 대한 애착을 상징하기 때문입니다. 따라서 애착을 가진 아들은 그 대상인 엄마를 통해 양육되는 것이 가장 바람직합니다. 아들은 그 속에서 심리적 안정과 만족을 누립니다.

그렇다면 아빠라는 존재는 없어도 될까요? 당연히 그렇지 않습니다. 아빠가 없다면 아들은 남성성을 습득할 기회를 가질 수 없게 됩니다. 아빠와의 동일시 전략을 통해 아빠가 가진 권위를 소유하고 아빠처럼 남자다워지려고 노력하는 과정에서 아들은 정상적인 남성으로 성장해 가는 것입니다.

만약 아이의 성장 과정에서 아빠라는 존재가 부재하거나 영향력이 적다면 아들은 그 공백을 지나친 모성 집착으로 메우게 됩니다. 정체성과 독립성을 확립하지 못하고 모든 것을 엄마 중심으로 생각하고 행동하는 것이지요. 엄마에 대한 과도한 의존성이 문제가 되는 마마보이는 이렇게 만들어집니다.

드라마에서 보는 것처럼 상류층이나 고소득자에게 마마보이 기질의 아들이 많습니다. 이들 계층의 아빠란 사람들이 대부분 바깥일에 바쁘다 보니 가정에 소홀한 경우가 많기 때문입니다. 자녀 양육에 관한 것은 전적으로 아내에게 일임해 버리고 맙니다. 그리고 아내는 남편이 벌어다 주는 돈으로 자녀들에게 올인 합니다. 자녀의 일상을 체크하는 것은 물론이고 사귀는 친구까지 정해 주는 열성 엄마가 됩니다.

한창 성장기에 있는 남자 아이는 아버지라는 환경을 충분히 겪지 못하고 이렇듯 엄마의 우산 아래라는, 거세된(?) 상황에 오랜 시간 놓입니다. 이런 상태에서 강한 남자 아이의 특징이라고 할 수 있는 용기와 열정이 발현되기는 결코 쉽지 않습니다. 사내아이로서의 욕구가 정지 상태에 빠지는 것입니다.

자녀에 대한 엄마의 집착이 일차적인 문제지만, 따지고 보면 마마보이는 결국 아빠가 아빠로서의 역할을 잘 못해서 생긴다고 볼 수 있습니다. 《남자, 그 잃어버린 진실》을 쓴 호주의 심리학자 스티브 비덜프는 "아버지와 친밀감 없이 자란 아들은 폭력적인 마초 아니면 자신감이 결여된 마마보이가 될 가능성이 높다"고 경고합니다. 사춘기 때 과도하게 거세된 기분을 느낀 자녀는 후일 심각한 성적 충동에 시달리게 될 가능성이 높습니다.

《굿바이, 게으름》이란 책으로 일약 베스트셀러 작가가 된 정신과 전문의 문요한 씨도 "전통적으로 어머니의 역할이 정서적 돌봄에 있다면, 아버지는 세상을 살아가는 데 필요한 도전 정신, 규율, 책임감, 미래 지향성에 대한 역할 모델이 되어 줘야 한다"고 충고합니다.

딸의 미래를 좌우하는
아빠의 역할

그렇다면 아빠가 딸에게 미치는 영향은 어떨까요? 아빠와의 관계는 딸의 미래를 좌우할 정도로 절대적입니다. 사람들도 말합니다. 딸에게 현재의 아빠상은 장래의 배우자상이 될 가능성이 높다고 말입니다. 맞는 말입니다. 딸은 무의식적으로 아빠를 닮은 배우자를 원하게 되기 때문입니다. 그런데 아빠가 부재하거나 있어도 그 역할을 제대로 하지 못하면 딸의 여성성은 제대로 발현되지 못합니다. 다시 말해서 남성에 대한 왜곡된 시각이나 부정적인 남성상을 갖게 된다는 것입니다.

우리가 '티켓다방'이나 성매매 업소에서 보게 되는 낯 뜨거운 성적 노출이나, 조혼 혹은 지나치게 이른 연애의 시작은 이러한 아버지의 부재나 부족한 부성애가 원인이 되어 나타나는 현상이라 해도 과언이 아닙니다. 단순한 추정이나 터무니없는 이야기가 아닙니다. 제가 직업상 많은 청소년을 상담하고 그들의 진로를 지도하면서 직접 느끼고 확인한 것입니다. 아버지가 없는 상황에서 여학생의 방황은 그 골이 훨씬 더 깊고 오래갑니다.

배우나 가수들에게 집착하고 그들을 우상시하는 것도 아버지의 사랑이 부족하기 때문입니다. 아버지의 사랑을 대신할 수 있는 대체물을 찾는 가운데 나오는, 어찌 보면 자연스러운 현상입니다.

요즘 신세대 아빠들은 "그래도 우리는 이전 세대보다 자녀와 함께하는 시간을 많이 갖는 편"이라고 말합니다. 글쎄요? 맞는 말이지만 그것만으로는 충분하지 않습니다. 유약하고 우유부단한 신세대 아빠들이 딸에게 미치는 긍정성이 떨어지기 때문입니다.

아들에게는 엄마가, 딸에게는 아빠가 악역을

그러면 어떻게 해야 할까요? 남성으로서 아빠가 가지고 있는 대범하며 논리적인 면과 여성으로서 엄마가 가지고 있는 세심하며 정서적인 면이 서로를 보완해야 합니다. 엄마 영향력이 강한 가정의 자녀는 신경이 예민하고 소심한 성격이 될 가능성이 높습니다. "야, 넌 성적이 왜 이 모양이냐"며 소리치고 따지는 엄마에게, "그만, 그만. 그깟 성적이 뭐 중요하다고 이 야단이야. 애들 건강하면 되지"라고 말하며 살포시 가슴에 안아 주는 넉넉한 아빠도 필요한 법입니다. 그래야 자녀들이 정서적으로 안정되게 자라납니다.

저희 집은 아내와 제가 자녀 양육에서 역할 분담을 분명히 해 두었습니다. 이것은 이미 연애 시절부터 정해 둔 원칙이었습니다. 아들에게는 엄마가 주로 악역을 맡고, 배려하고 다독이는 역할은 제가 맡았습니다. 반면 딸의 경우에는 제가 주로 악역을 맡고, 엄마가 다독이고 배려하는 역할을 했습니다.

앞서도 말했듯이 아들에게 엄마는 관계성의 제일차적 대상이고 아버지는 경쟁의 대상입니다. 그러므로 어머니가 엄하게 하고 아버지가 부드럽게 함으로써 엄마와의 관계에는 약간의 긴장을, 아빠와의 관계에는 친밀함을 유지하도록 한 것입니다. 반대로 딸들에게는 아버지가 의도적으로 원칙을 분명히 하면서 엄하게 하고, 다독이며 사랑을 주는 역할은 엄마에게 맡김으로써, 아버지에 대한 과도한 집착에 빠지지 않도록 배려했습니다.

이것이 주효했는지 아이들은 기대 이상으로 잘 자라 주었고, 저희 부부는 자녀 교육에서는 말 그대로 서로 죽이 맞았습니다. 한 사람은 엄격함을 내세우고 한 사람은 부드러움으로 유도해 나갈 때 자녀는 인격적으로 고르게 성장할 수 있는 것입니다.

《성경》의 〈잠언〉은 이런 지혜를 일러 줍니다.

'내 아들아, 네 아비의 훈계를 들으며 네 어미의 법을 떠나지 말라.'

'인자와 진리로 네게서 떠나지 않게 하고 그것을 네 목에 매며 네 마음 판에 새겨라. 그리하면 네가 하나님과 사람 앞에서 은총과 귀중히 여김을 받으리라.'

여기서 '인자'와 '진리'는 서로 반대되는 개념입니다. 마치 양날의 칼처럼 서로 조화를 이루기가 무척 힘듭니다. 인자함이란 사랑을 말하고 진리란 엄격함을 의미합니다. 엄격하면서도 인자한 성품은 성인군자가 아니고는 갖기 어렵습니다.

그렇기 때문에 부부의 공조가 필요한 것입니다. 한 사람이 두 가지 성품을 가질 수 없기에 부부가 사이좋게 한 사람은 인자함(사랑과 배려)으로, 또 한 사람은 진리(법도)로 자녀를 양육해야 하는 것입니다.

지금 여러분은 어떻게 하고 계신가요?

환경 2 　아이들이 들어오고 싶은 가정이라는 환경

즐거운 곳에선
날 오라 하여도……

　강한 아이로 키우려면 우선 행복한 가정을 만들어야 합니다. 아름답고 사랑이 넘치는 가정에서 아이는 강하게 자라나고 커서 위대한 인물이 됩니다.
　20세기의 위대한 신학자 카를 바르트는 가정을 '관계'라는 관점에서 이해했습니다. 그는 "서로 다른 두 남녀가 부부가 되고 부모가 되어 그들 사이에 새로운 자녀가 출생함으로써 부모와 자녀 간의 독특한 관계가 구성되는데, 이것은 인간이 연대적 본성을 가졌음을 말하며 이 관계가 인간 삶의 제2영역이다"라고 했고, 우리나라 속담에도 '피륙을 살 때는 끝을 살피고 아내를 택할 때는 그의 어머니를 본다'는 말이 있습니다. 모두가 가정이라는 환경이 자녀의 성장에 얼마나 중요한지를 강조하는 것입니다.

러시아 속담에 '싸움터에 나갈 때는 한 번 기도하라. 바다에 갈 때는 두 번 기도하라. 그리고 결혼을 할 때는 세 번 기도하라'는 말이 있습니다. 결혼이 인간의 삶에서 차지하는 비중이 얼마나 크고 결정적인지를 웅변해 주는 말입니다. 또한 이 말에는 결혼에는 헤아릴 수 없는 변수가 가득하다는 암시가 들어 있기도 합니다. 그래서일까요? 독일 시인 하이네는 "결혼은 어떤 나침반도 항로를 발견한 적 없는 거친 바다"라고 했습니다. 두 사람의 인생을 좌우할 만큼 중차대한 것임에도 인간에게 결혼은 여전히 해 보지 않으면 모르는 미지의 영역으로 남아 있습니다. 인간의 지혜 가운데 결혼에 관한 연구가 가장 뒤져 있는 것입니다. 그만큼 모든 정신을 쏟아 붓지 않으면 안 됩니다.

결혼은 우리 인류 사회를 만들고 유지하는 가정의 원천이자, 미래로 나아가게 하는 하늘의 창조물입니다.

언제든 돌아가고 싶은 '가정'이라는 공간

독일의 정치가 비스마르크는 일찍이 많은 단어 가운데 가장 부러운 것이 '신사'와 '가정'이라고 했습니다. 가정이 왜 그렇게 중요할까요? 그것은 가정이 지상의 낙원인 동시에 인생의 안식처이며 다음 세대를 기약하는 약속의 선물들이 자라는 곳이기 때문입니다. 우리는 아침에 집을 나와 사회에서 동분서주하다가 저녁이 되면 가정으로 돌아갑니다. 힘들고 지친 몸과 마음이 돌아가 휴식을 취하고 새 기운을 회복하는 곳이 가정입니다. 가정이 천국이 되는 이유는 마땅히

사랑을 나눌 부부와 자녀들이 있어서입니다.

　동양의 옛 성현들은 이 세상을 물건 만드는 공장과 전쟁터에 비유했습니다. 이기심과 경쟁으로 얼룩지고 무질서가 난무하는 곳이라고 보았지요. 그러니 공장에서 땀 흘려 일하는 젊은이들이, 생존 경쟁에 시달리는 사람들이, 전쟁터에서 적과 싸우는 군인들이 돌아갈 가정이 없다면, 휴식할 안식처가 없다면 그 얼마나 외롭고 쓸쓸하겠습니까. 그래도 나를 반겨 주는 안온한 가정이 있다면 모든 외로움은 일시에 사라질 것입니다. 아이들도 마찬가지입니다. 집은 돌아가면 언제든지 환영하고 존중하는 사랑이 있는 곳이라는 것을 알 때 그들은 방황을 멈추고 돌아오게 됩니다. 19세기 영국의 시인인 조지 무어는 "인간은 자기가 갖고 싶은 것을 찾아서 세상을 방황하다가 가정에 돌아왔을 때 거기서 그것을 발견하게 된다"라고 말했습니다.

　〈가지 않은 길〉로 유명한 미국의 시인 로버트 프로스트는 "가정이 무엇인가?"라는 질문에 "가정이란 내가 언제고 가고 싶을 때 갈 수 있는 공간이고, 언제고 나를 반겨 받아 주는 공간"이라고 대답했습니다. 그러나 오늘날은 가고 싶을 때 갈 수 있는 공간이 아니라 오히려 떠나고 싶은 공간으로 변질되고 있습니다. 가정에서 사랑과 배려가 사라지고 있기 때문입니다. "오늘날 자녀들이 가진 최대의 불행 중 하나는 가정이 깊은 만족을 주지 못하는 것이다"라고 영국의 철학자 B. W. 러셀은 말했습니다.

　인간의 삶의 근거는 국가나 사회가 아니라 가정입니다. 가정이 건전하면 사회가 건전하고, 가정이 불안하면 그 사회도 안정을 찾을 수 없습니다. 영국의 소설가 찰스 디킨스가 "자기의 가정을 사랑하는 데서 자기 나라를 사랑하는 마음이 나온다"라고 말한 것도 마찬가지 이유입니다.

저는 가정을 만들기로 마음먹으면서 새의 둥지를 생각했습니다. 가정이란 부부의 행복과 자녀의 행복을 담는 둥지와 같다고 말입니다. 둥지가 없다면 새는 알을 낳을 수도 없고 부화시킨 새끼들을 보호할 길도 없습니다. 제대로 만들어지지 않은 둥지는 이내 파괴되거나 적의 공격을 받아 새끼들을 잃게 되기 때문입니다. 부부가 만나 진정으로 사랑하여 둥지를 만들었다면 그곳은 자녀들을 제대로 보호할 수 있는 보금자리여야 합니다.

행복한 가정을 만드는 키워드
'친절, 진실, 포기'

어떻게 하면 아이들이 들어오고 싶은 행복한 가정을 만들 수 있을까요? 제일 먼저, 가정의 중심인 부부가 사랑과 믿음으로 하나가 되어야 합니다. 문제는 그것이 말처럼 쉽지 않다는 것이지요. 이럴 때 헨리 박사의 말을 참고하면 어떨까요? 그는 40년간 훌륭한 부부 생활을 유지했습니다. 어떤 사람이 그에게 오랫동안 변함없는 애정을 나눌 수 있었던 비결이 무엇이냐고 물으니, "나는 아내에게 친절하려고 노력했고 솔직하려고 노력했다"고 하더랍니다. 아내는 사랑받기 위해 태어난 사람이라 여기고 끊임없는 관심과 노력을 기울인 것입니다. 아내 역시 마찬가지입니다. 빌리 그레이엄 목사의 아내 루스 그레이엄은 "아내의 할 일은 남편을 사랑하는 것이지 남편 마음을 바꾸는 것이 아니다"라고 말했습니다.

아름답고 행복한 가정을 만들기 위해 진실과 친절 못지않게 필요한 것이 '포기'입니다. 세상에는 가져야 할 것보다 포기해야 할 것이 훨씬 많습니다. 가정도 그렇습니다. 아이에게 행복한 가정은 부모의 포기와 희생을 요구합니다.

전에 한 어머니가 아기를 재워 놓고 빨래를 하러 나간 사이에 집에 불이 났습니다. 어머니가 돌아와 보니 집은 온통 불길에 휩싸여 있었습니다. 아무도 들어갈 생각을 못했으나 어머니는 아기를 구하려고 불 속으로 뛰어들었습니다. 간신히 아기를 이불에 감싸 안고 나왔지만 얼굴에 큰 화상을 입어 예쁘던 얼굴이 흉측하게 변하고 말았습니다.

아기는 자라 초등학생이 되었습니다. 하루는 아이가 학교에 갔다 오더니 울음을 터뜨렸습니다. 왜 우느냐고 물으니, 아이들이 엄마 얼굴이 얽었다고 놀려 대더라는 것입니다. 어머니는 옛날 사진을 보여 주면서 말했습니다.

"얘야, 엄마도 예전에는 이렇게 예뻤단다. 그런데 너를 불 속에서 꺼내느라고 화상을 입어 이 모양이 된 거란다."

아이는 울음을 그치고 엄마를 꼭 끌어안았습니다.

목숨까지 포기하고 사랑하는 부모의 마음 앞에서 빗나갈 자식은 결코 없습니다.

두 분에게 있어 쓰라리던 세월은
우리들 자식에겐 빛으로 가득한
가장 아름답고 멋진 더없이 즐거운 나날이었지요.
두 분의 수고와 불안을 거쳐 온 길은
우리에겐 행복한 소녀의 길이었지요.
우리에게 향내처럼 사라져 간 것이
두 분에겐 지루한 것이었지요.
젊고 힘찬 손을 가진 우리는
달갑게 그 일을 맡겠습니다.
사랑의 무거운 짐을 우리가 질 테니
두 분의 남은 길 평안히 쉬시도록.

독일의 문호 헤르만 헤세가 부모님의 은혼식에 바쳤다는 시입니다. 자식을 위해 인생을 바친 부모님에 대한 감사와 존경의 마음이 잘 나타나 있습니다. 그런 부모가 없었다면 오늘날 우리는 헤세의 주옥같은 작품을 만나지 못했을 것입니다.

아이들이 들어오고 싶은 가정을 만들기 위해 저희 부부가 기울인 작은 노력들을 소개합니다. 신혼 초부터 저희 부부는 존댓말을 쓰고, 큰 소리를 내지 않도록 노력했습니다. 서로 존중하는 모습을 보여 아이들이 정서적인 안정을 누릴 수 있도록 하기 위해서였습니다.

취미 생활도 공유했습니다. 분재와 수석 수집을 함께 하면서 아이들과 들로 산으로 나가 찾고 가꾸는 즐거움을 누렸습니다. 웃고 떠드는 아이들 모습에서 가족의 소중함을 읽었습니다. 그래서 우리 아이들은 '부부란 저런 것이구나', '가정이란 이렇게 꾸려 가는 것이구나' 라는 느낌을 갖게 되었겠지요.

아이들에게 '너희는 하늘이 우리에게 주신 선물이고, 너희로 인해 엄마와 아빠는 참으로 행복하다'는 것을 수시로 깨우쳐 주었습니다. 자존감을 높여 주고 자신감을 갖도록 하기 위해서였습니다. 화가 나더라도 '괜히 너 같은 걸 낳아 가지고 고생이야. 어쩌다 생긴 게 속만 썩이네' 같은 말은 일절 입에 올리지 않았습니다.

환경 3 　아이의 미래를 위해 바꿔야 할 분위기 세 가지

지혜로운 부모는 '나부터' 공부한다

"고운 것도 시간이 지나면 헛되고 아름다운 것도 시간이 지나면 헛되도다."

솔로몬 왕은 이렇게 노래한 적이 있습니다. 바로 그 솔로몬이 지었다는 〈잠언〉에 '자식은 화살 통의 화살과 같다'는 말이 나옵니다. 화살을 많이 가진 군사의 마음이 든든하듯, 자녀를 잘 키운 부모는 늘 기운이 납니다.

자녀를 잘 키우기 위해 물불을 가리지 않는 것으로 우리나라 부모만 한 사람들도 없을 것입니다. 유례없는 사교육 열풍이 부는 것도 이유는 단 하나입니다. 자신의 자녀가 뒤처지지 않고 성공하기를 바라는 지극한 염원 때문입니다. 유명 학군을 찾아, 1점이라도 올리기 위해 이름난 선생과 학원이 있는 곳으로 불나방처럼 몰려드는 이 땅의 학부모 모두가 현대판 맹모들입니다.

그래서 저는 제안하고 싶습니다. 이 시대에 맞는 맹모가 되자고 말입니다. 맹자의 어머니가 아들을 위해 세 번 이사했듯이, 이 시대의 맹모는 아이를 위해 학습 환경을 바꾸어 주고 만들어 주어야 합니다. 아이가 억지로 따라 하도록 하는 것이 아니라 의욕을 갖고 공부에 재미를 붙이게 하는 것이지요.

저도 한때는 정성이 넘치다 못해 극성스런 엄마들의 행태를 보면서 씁쓸한 생각을 지우지 못했습니다. 촌지와 치맛바람, 고액 과외와 선행 학습 등 아이들을 입시 지옥으로 밀어 넣는 부모들이 한심하게 여겨졌습니다. 뿐만 아니라 부모들을 교묘히 부추기는 학원과 출판사의 상업주의에도 이맛살이 찌푸려졌습니다. 《사교육 1번지 대치동 엄마들의 입시전략》이란 책을 보고 하루 종일 기분이 나쁜 적도 있었습니다. 그런 식으로 아이들을 가르쳐서 무얼 하겠느냐는 것이었지요.

하지만 생각의 틀을 바꾸니 이런 현상들이 달리 보이기 시작했습니다.

'자녀들을 잘 키우겠다는 엄마의 노력과 정성이 왜 매도되어야 할까? 이성적이고 합리적이기만 하다면 교육열은 바람직하며 반드시 필요한 것이다. 아이 개인을 위해서나 자원 없는 국가의 미래를 위해서나 교육열은 뜨거울수록 희망적인 것 아니겠는가.'

그 후로 저는 어떻게 하면 우리 아이들이 공부를 좋아하고 즐기게끔 할 수 있을까를 고민했습니다. '피할 수 없으면 즐기라'는 말처럼 어차피 해야 하는 공부라면 즐겁게 할 수 있는 방법을 찾아보자는 것이었지요. 제가 내린 결론은 학습 환경, 즉 분위기를 바꾸는 것입니다. 그리고 부모들도 함께 공부하라는 것입니다.

1960년대에 《스포크 박사의 육아서》가 우리나라 젊은 엄마들의 필독서로 여겨지면서 불티나게 팔렸습니다. 그런데 1970년대 들어 그 육아법에 대한 비판이 일기 시작했고, 그 대안으로 다시 맹모삼천지교가 거론되었습니다. 시장 옆에 사는 어린 맹자가 장사꾼 흉내를 냈을 때 스포크 박사라면 장사꾼을 흉내 내는 것은 이러저러해서 나쁘니 그런 놀이를 하지 말라며 아이를 이해시키고 제재했을 것입니다. 하지만 맹모는 눈여겨보고 있다가 말없이 집을 옮겼습니다. 어느 편이 맹자를 위해 좋고 올바른 교육 방식일까요? 전자는 머리로 기르는 것이고, 후자는 마음으로 기르는 것입니다. 아이 교육에는 분명 둘 다 필요하지만, 맹모의 교육은 말보다는 행동을 앞세우고 강제보다는 자율을 중시했다는 점에서 남다른 가치를 지닙니다. 하지 말라고 납득시키기보다 하지 않을 수 없게 만드는 것이지요.

이 시대의 맹모가 바꿔야 할 것들

그렇다면 이 시대의 맹모는 어떻게 해야 할까요? 마음으로 기르고 머리가 뒤따르도록 해야 합니다. 마음과 머리가 공존하는 어머니여야 합니다. 그러기 위해서는 바꾸어야 할 것이 몇 가지 있습니다.

먼저, 거실을 서재로 꾸미십시오. 최근 거실을 서재로 만들자는 캠페인이 벌어지고 있습니다만, 저는 20년 전부터 이를 실천해 왔습니다. 저희 집 거실에는 텔레비전이 없습니다. 텔레비전이 있으면 습관적으로 켜게 되니까요. 엄마 아빠가 텔레비전을 보며 히죽거리는 것을 보면서 자란 아이는 당연히 그렇게 합니다. 주말이면 어김없이 편성되는 국적도 철학도 없는 오락 프로에 아이들이 목매는 이유가 무엇일까요? 어린 마음을 빼앗는 환경을 원천적으로 바꿔 놓지 않으면 자녀들에게 공부 습관은 결코 생기지 않을 것입니다.

인터넷도 차단시켜야 합니다. 인터넷은 아이들이 가까이해서 좋을 것이 하나도 없는 도구입니다. 회사에 출근한 직원들의 백태 중에 가장 꼴불견이 근무 시간에 인터넷을 뒤지는 일일 것입니다.

자녀들은 인터넷으로 검색할 것이 있다, 공부하기 위해 뭘 찾아야 한다고 말하지만 그것부터가 잘못입니다. 인터넷의 특성상 한번 미궁에 빠지면 정보의 쓰레기 속에서 허우적대다 시간만 낭비하고 맙니다. 더더구나 게임에 빠지게 되면 이건 돌이킬 수 없는 길로 들어가는 것과 같습니다. 가능하다면 자녀의 방에서 인터넷을 제거하시기 바랍니다. 나중에 고등학생이 되면 강의 듣는 용도로만 제한해서 사용하도록 하고, 궁금증이 생기면 책으로 된 백과사전을 뒤지든지 독서를 통해 해답을 얻도록 해야 합니다. 그래야만 산지식이 될 수 있습니다. 이미 갈무리가 다 된 정보를 열람하는 수준의 공부로는 논리력이 생기지 않습니다. 모르는 것을 찾아가는 그 자체가 공부이고, 머리에 오래 기억됩니다.

또한 공부하는 부모가 되어야 합니다. 거실을 서재로 바꾸고 인터넷을 차단시키는 일보다 더 중요한 것이 바로 이것입니다. 엄마 아빠가 늘 책을 보거나 공부를 하면 굳이 잔소리를 하지 않아도 아이들이 알아서 공부를 합니다. 자랑 같지만 저는 이제까지 아이들에게 공부하라고 잔소리를 해

본 적이 없습니다. 엄마 아빠 모습을 어려서부터 지켜보면서 그대로 따라 했기 때문입니다. 물론 어려서는 아이들을 위해 책도 읽어 주고 같이 놀아 주기도 했지만, 그보다 더 중요한 것은 부모가 공부하는 모습을 보이는 것이었습니다. 텔레비전 보는 시간보다 공부하고 책 보는 시간이 많은 부모 밑에는 텔레비전만 끼고 사는 자녀가 없을 것입니다.

아이를 위해 집 안을 리뉴얼 하는 부모, 더 중요하게는 공부하는 부모가, 자녀를 조금이라도 나은 방향으로 이끌 뿐만 아니라 지금보다 강한 자녀로 키울 수 있다는 것을 염두에 두시기 바랍니다. 지금의 내 모습이 후일 내 자녀의 모습이 됩니다.

대치동식으로 키울까, 내 방식으로 키울까

언젠가 여성 교육 전문가 4명이 불꽃 튀는 지상 대담을 벌인 적이 있습니다. 어느 여성 잡지에서 이를 접했는데, 그들의 고민은 '대치동식으로 키울까, 아니면 나만의 교육법으로 키울까?' 였습니다.

자녀 교육의 성공과 실패에 대한 그들의 이야기를 종합해 보면, 공부하고 준비하는 엄마들이 진정한 맹모라는 것이었습니다. 한 분이 말했습니다.

"저는 늘 '엉터리 엄마'로 불렸는데 아이들이 명문대에 들어가고 나니 '훌륭한 엄마'가 되더군요. 아이 셋을 키우고 보니 부모가 해 줄 수 있는 게 참으로 적다는 생각이 들어요. 제가 한 일이라곤 집 안 여기저기에 책을 쌓아 두고 아이들이 잠재력을 발휘할 때까지 그냥 지켜본 것밖에 없어요. 이런 말을 하면 어떤 분들은 '그 시절은 지금처럼 대입 경쟁이 치열하지 않아서 가능했다'고 반박하지만, 그런 말은 30년 전에도 있었어요. 그때도 과외를 금지했지만 강남 대부분의 엄마는 과외를 시켰지요."

그녀의 말대로라면 엄마 나름의 작은 관심이 자녀들을 명문대에 들어가게 한 비결입니다. 또 한 분은 이렇게 말했습니다.

"아무것도 하지 않았다고 하지만 학원에서 절대 가르쳐 줄 수 없는 공부 분위기를 만들어 주신 겁니다. 특별히 무엇을 한 건 아니지만 어느 과외나 학원보다 백배 효과적인 환경을 조성해 주신 거지요. 첼리스트 장영주의 어머니도 태어나기 전부터 아이에게 음악을 들려줬다고 해요. 저는 큰아들이 영어에 취미가 있는 것 같아서 중1 때 민족사관고에 데려갔더니 일기장에 '민사고에 가고 싶다'고 쓰더라고요. 대치동의 민사고 준비 학원에 보냈는데 효과가 없었어요. 8개월을 다녀도 토플 성적이 20점밖에 안 올라가더군요. 그런데 제가 집에서 같이 공부하니까 2개월 만에 60점이 더 나왔습니다. 학원에서 배운 건 밤 11시까지 공부하는 것밖에 없어요. 민사고를 1년 다니다 지금은 미국에서 공부 중입니다."

또 다른 분이 말했습니다.

"저는 직장까지 그만두면서 큰아이를 끼고 가르쳤는데 초등학교까지는 정말 잘했어요. 그런데 학년이 올라갈수록 성적이 떨어지는 겁니다. 성적이 떨어질 때의 그 기분, 정말 속이 터지고 아이한테 '네가 어떻게 날 이렇게 배신할 수 있니' 하는 생각까지 들더군요. 너무 미워서 그냥 내버려 뒀더니 혼자 하는 습관이 안 돼 무너졌어요. 문득 제가 걷는 방법을 가르쳐 준 적이 없다는 걸 깨달았어요. 하지만 아이에게 '걸음마'를 가르치기엔 너무 늦었어요. 늦었지만 고1부터 3년간 아이와 같이 공부했습니다. 그러면서 아이를 일부러 약간 방치했더니 스스로 공부에 욕심을 갖더군요. 사실 대부분의 엄마들은 전교 1등이 다니는 학원에 자기 아이도 보내고 싶어 하죠. 그래서 학원들이 전교 1등 모시기 경쟁을 합니다. 그러나 대치동식 교육법은 상위 4퍼센트의 아이들에게나 효과가 있을 겁니다. 능력이 안 되는 아이에게 억지로 적용시키는 건 학대에 가깝지요. 자녀의 상태를 객관적으로 파악해야 합니다."

그렇습니다. 내 자녀에 대한 정확한 이해와 진단이 선행되어야 합니다. 그러려면 엄마가 먼저 공부해야 합니다. 대치동식 사교육 방법을 능사로 여기다 보면 소탐대실의 결과만 가져올 뿐입니다.

> 환경 4 아이의 숨은 힘을 불러내는 언어 환경

'신의 손'을 만든 어머니의 대화법

데일 카네기가 쓴 《링컨, 당신을 존경합니다》라는 책에서는 대화와 언변의 중요성을 다음과 같이 설파하고 있습니다.

링컨을 미국의 제16대 대통령으로 만든 요인 중 하나는 그의 연설의 탁월함에 있다. 그는 글을 늦게 배웠다. 열다섯 살이 되어서야 글을 떠듬떠듬 읽을 수 있었고, 그때까지도 쓰는 법을 제대로 배우지 못했다. 그렇지만 글을 알게 된 이후에는 열심히 책을 읽었고 그것도 소리 내어 읽었다. 정식 교육을 받은 기간은 평생에 걸쳐 1년도 되지 않았지만, 그 짧은 기간 링컨의 선생은 링컨으로 하여금 항상 큰 소리로 책을 읽게 하였다. 링컨은 외우고 큰 소리로 읽는 것을 좋아하여 《햄릿》의 대사나 키케로의 연설을 따라 하기도 하고 변호사의 변론이나 목사의 설교를 흉내 내기도 하였다.

일하는 중간에 링컨이 통나무에 앉아서 큰 소리로 유머집을 읽을 때는 들에서 일하던 농부들이 주위가 떠나갈 듯이 함께 웃곤 했다고 한다.

아버지는 이런 링컨을 이해하지 못하고 '게으르다'면서 폭력을 행사하기도 했다. 대통령에 지명되었을 때 링컨은 이렇게 고백했다.

"사실 저는 성년이 되었을 때에도 아는 게 별로 없었습니다. 하지만 세 가지, 읽고, 쓰고, 외우는 것은 계속해 왔습니다. 그게 전부였습니다."

링컨은 특히 셰익스피어의 작품을 좋아해서 남북 전쟁 중에도 즐겨 읽었고, 암살당하던 바로 그 주에도 사람들 앞에서 큰 소리로 《맥베스》를 2시간에 걸쳐 읽어 주기도 하였다. 링컨을 위대한 연설가로 만든 배경에는 큰 소리로 말하기 훈련이 있었던 것이다. 말하는 법만 제대로 배워도 자녀의 인생은 성공적이라 할 수 있을 것이다.

미국에서 가장 성공한 흑인 중 한 사람으로 꼽히는 인물이 있습니다. 미국 존스홉킨스 대 부속 병원 소아신경외과를 담당하며 오늘날 세계 의학계에서 '신의 손'으로 불리는 벤저민 카슨 박사입니다.

어느 날 한 기자가 그에게 "오늘의 당신을 만들어 준 것은 무엇입니까?"라고 물으니, 그는 "저의 어머니입니다"라고 대답했다고 합니다.

벤저민 카슨 박사의 성장기는 어둠으로 가득했습니다. 디트로이트의 빈민가에서 태어난 그는 편모 슬하에서 자라며 불량 소년들과 어울려 싸움질을 일삼는 흑인 소년이었습니다. 흑인이라는 이유로 따돌림을 당하고, 초등학교 때는 항상 꼴찌를 도맡아 했으며 5학년 때까지 구구단도 암기하지 못했습니다. 산수 시험을 보면 늘 빵점을 받아 허구한 날 친구들의 놀림감이 되었다고 합니다. 그런데 이런 불량 소년이 어떻게 오늘날 세계 의학계에서 '신의 손'으로 불리는 명의가 되었을까요?

꼴찌를
1등으로 키운 어머니

강헌구 박사는 그 비밀이 어머니의 대화법에 있었다고 가르쳐 줍니다. 분명한 경계선을 긋고, 목표를 설정하고, 목표를 행동으로 옮기도록 동기를 부여한 어머니가 있었기에 그러한 기적이 일어났다는 것입니다.

문제아 벤저민을 보다 못한 어머니는 급기야 아들에게 특별 훈련을 시키기 시작했습니다. 텔레비전은 하루에 두 프로그램만 볼 것, 도서관에 가서 일주일에 2권씩 책을 읽고 그 내용을 요약해서 가져올 것, 그리고 시키는 대로 하지 않으면 아주 무서운 벌을 받게 될 것이라고 경고했습니다.

그렇게 하기를 1년여, 벤저민은 어느덧 6학년 후반기에 이르렀습니다. 어느 날 과학 선생님이 돌덩어리 하나를 집어 들고 "이것이 무엇인지 아느냐?"고 학생들에게 물었습니다. 하지만 대답하는 학생이 아무도 없었습니다. 그때 벤저민이 손을 번쩍 들고는 "그것은 현무암입니다"라고 돌의 이름을 정확하게 말했습니다. 도서관에서 읽은 책 안에 있던 사진의 돌이었으니까요. 모두들 깜짝 놀랄 수밖에요. 그날부터 벤저민은 아무도 대답하지 못하는 문제에 대한 답을 알아맞히는 재미에 흠뻑 빠지게 되었답니다. 그 후 7학년 때부터 벤저민은 1등을 한 번도 놓치지 않았고, 장학생으로 미국 최고의 명문인 예일 대에 입학하게 되었습니다.

훗날 벤저민 카슨 박사는 대화를 통해 언어를 가르치고 언제나 격려의 말로 꿈에 도전할 수 있는 용기를 준 어머니에 대해 이렇게 회고했습니다.

"어머니는 제가 꼴찌를 하고 흑인이라고 따돌림을 당해 힘들어 할 때마다 '벤저민, 너는 마음만 먹으면 무엇이든 할 수 있어! 노력하면 할 수 있어!'라는 말을 되풀이하며 격려해 주셨습니다. 저를 오늘의 벤저민 카슨으로 변화시킨 것은 바로 어머니의 격려의 말이었습니다."

그렇습니다. 학교에서 바보로 취급받던 아이를 세계적인 명의의 반열에 오르게 한 것은 바로 어머니의 언어였습니다. 그 언어에 담긴 따뜻한 가르침과 엄격한 리더십이었습니다. 이제 문제아이던 벤저민의 이름 뒤에는 존경의 뜻을 담은 '선생님'이라는 호칭이 꼭 따라붙습니다.

긍정의 힘이 샘솟는 대화의 기술

부모와 자식은 세상에서 가장 가까운 사이이기에 저절로 말이 통할 것이라고 생각하기 쉽습니다. 그러나 그것은 착각이고 오해입니다. 피를 나누고 오랜 시간 함께했더라도 세대가 다르고 자라는 환경이 다른 사람 간의 대화는 어려울 수밖에 없습니다. 또한 부모와 자식 간의 대화를 너무 가볍게 여기거나 아이가 부모 말을 듣는 것은 당연하다고 여기는 사고방식이 대화를 힘들게 합니다. 서로 다른 성장 환경과 고정관념이 부모와 자녀의 대화를 가로막는 주요인입니다. 커뮤니케이션 전문 교육 기관인 SGM 대표이자 대화 전문가 이정숙 선생은 우리에게 이렇게 충고합니다.

"아마 요즘 대부분의 부모님이 성적 때문에 아이와 갈등하는 경우가 많을 겁니다. 시험 결과에 대해 '다음에 잘하면 돼'라는 명쾌한 한마디로 자녀의 마음을 만져 주는 부모가 점수 문제로 촉각을 곤두세우는 부모보다 자녀의 성공에 더 좋은 영향을 미칠 게 분명합니다. 학원을 다니기 싫다는 아이에게 '학원에 가야 해'라고 말하기보다는 '그렇다면 학원 대신 다른 공부 방법을 찾아보자'라고 말하면서 아이와 함께 고민하는 게 훨씬 더 좋은 효과를 가질 수 있는 거지요."

이처럼 서로의 내면을 다치지 않으면서 긍정적인 마인드를 심어 주는 대화의 기술은 모든 부모들이 갖추어야 할 '기본기'입니다. 자녀를 강한 아이로 키우고 싶다면 당신부터 마음의 문을 열고 대화하는 법을 체득하십시오.

명문대생 조승희를 파괴한 '선택적 무언증'

우리나라 청소년의 사망 원인 2위가 자살이라고 합니다. 대학생의 반이 자살을 생각한다는 통계도 있습니다. 아이들과 근사하게 찍은 가족사진 뒤에는 정도의 차이는 있지만 많은 '버지니아의 조승희'가 있습니다. 아이들은 가정에서 평화와 안전과 무조건적 사랑을 느끼고 싶어 합니다. 밖에서 힘든 일이 있을 때 그것을 감추거나 거짓말을 하지 않고 편하게 엄마 아빠와 나눌 수 있다면 많은 비극을 피할 수 있습니다.

몇 년 전 미국과 우리 사회에 큰 충격을 던져 준 조승희 군을 기억하는지요? 그는 초등학교 시절부터 언어 문제 때문에 학교생활에 잘 적응하지 못했다고 합니다. 그가 중학생이던 1999년은 콜럼바인 고등학교 총기 사건이 발생한 해이기도 했는데, 그가 이 사건을 모방하고 싶어 한다는 사실을 담임선생님이 알게 되었습니다. 담임선생님은 곧바로 이 사실을 가족에게 알렸고, 조 군은 부모와 함께 정신과 진료를 받았습니다. 13개월 동안 약물로 치료한 결과 상태가 호전되었습니다. 고등학교에서도 특수 교육 대상자였지만 한 달에 한 번 50분 동안 언어 치료를 받는 정도였다고 합니다. 정서적 문제에도 불구하고 조 군은 전 학년 평점이 3.52로 성적이 우수한 학생이었습니다. 특히 과학과 수학을 잘해서 명문 버지니아 공대에 진학했습니다.

그런데 대학에 진학하면서부터 상태가 심해졌습니다. 끔찍한 글을 쓰고 전화나 이메일로 여학생을 스토킹 했습니다. 대학 당국도 이런 사실을 알고 있었지만, 연방 사생활보호법을 핑계로 적절하게 대처하지 못했습니다. 그 결과 조 군은 몰래 마련한 총으로 같은 학교 학생들을 보이는 대로 난사하여 33명을 죽이는 끔찍한 참사의 주인공이 되었습니다. 뛰어난 머리에 말이 없던 젊은이가 어느 날 갑자기 악마로 돌변한 것입니다.

공부 잘하고 조용하던 조승희의 진짜 문제는 무엇이었을까요? 보고서는 여기에 답을 내놓았습니다. 그는 중학생이던 1999년에 '선택적 무언증'(selective mutism)과 '주요 우울증 : 단일 에피소드'(major depression : single episode) 진단을 받았다고 합니다. '주요 우울증 : 단일 에피소드'란 네 가지 이상의 우울증 증상(가령 불면, 식욕 부진, 집중력 저하, 자살 충동, 무기력 등)이

적어도 2주 이상 지속되는 것을 일컫는 의학 용어입니다. 잘 알려진 것처럼 우울증은 환청과 환각에 시달리는 정신 분열증과는 다를뿐더러 죄의식 없이 무차별적으로 살인을 일삼는 사이코패스와도 거리가 멀다고 합니다. 우울증이 심해지면 자살로 이어지기도 하지만, 다행히 조승희의 우울증은 약물 치료를 통해 호전되었다고 보고서는 전합니다.

보고서에 따르면, 조승희에게 더 본질적인 문제는 '선택적 무언증'이었습니다. 우리나라에서는 아주 낯설지만, 이 말은 국제적으로 공인된 정신과 용어라고 합니다. 국제질병분류표인 ICD-10에 따르면, '선택적 무언증'은 불안, 위축, 반항심 때문에 특정한 상황에서 말을 하지 않는 불안 장애(anxiety disorder)의 일종이라고 합니다. 하지만 이 증상은 발달 장애(자폐증), 정신 분열증, 그리고 언어 발달 장애와는 별개라고 설명되어 있습니다.

조승희에게 왜 이런 증상이 생겼을까요? 어린 나이에 다른 문화에 적응하는 과정에서 정신적 충격을 받았을 거라고도 하지만 이 역시 여러 요인 중의 하나일 것입니다. 그 또래 이민자들 가운데 미국 사회에 잘 적응하는 사람도 많은 까닭입니다. 한국에 있을 때부터 내성적이었다고 하니 어쩌면 내재적 증상이었을지도 모릅니다. 하지만 조승희가 어릴 때부터 '선택적 무언증'이라는 불안 장애 때문에 친구들과 어울리지 못하고 사회로부터 고립되었던 사실만큼은 확실합니다. 그리고 우울증은 그의 불안 장애에서 비롯되었다고 보는 것이 타당합니다. 그 결과 똑똑하고 얌전하던 한 아이가 자신도 어쩔 수 없는 정신적 고통에 시달렸던 것입니다.

더욱 안타까운 것은 '선택적 무언증'과 같은 불안 장애가 치료하기 어렵거나 희귀한 증상이 아니라는 점입니다. 보고서에서도 지적하고 있듯이, 좀 더 일찍부터 꾸준히 치료만 받았더라면 이런 비극을 방지할 수도 있었을 것입니다.

실제로 불안 장애는 우리나라 청소년들에게도 흔한 증상입니다. 2007년 4월 서울시학교보건진흥원은 서울 거주 청소년들의 정신 장애 유병률을 발표했습니다. 서울 시내 초·중·고등 학생 2672명을 대상으로 조사한 결과, 놀랍게도 불안 장애가 있는 청소년이 무려 23퍼센트나 되었습니다. 좀 더 구체적으로 보면, 특정 공포증이 15.6퍼센트, 사회 공포증이 2.5퍼센트, 분리 불안 장애가 1.8퍼센트, 강박증이 1.6퍼센트, 광장 공포증이 0.6퍼센트로 나타났습니다. 이 조사만 놓고 보면, 우리나라 청소년 10명 가운데 2~3명은 조승희가 될 가능성이 있다는 결론입니다. 하지만 우리나라에서는 불안 장애로 인한 살인 사건이 보고된 적은 없습니다.

대화할 줄 아는 사람은 결코 폭력을 휘두르지 않습니다. 부부가 싸움 끝에 폭력을 휘두르는 경우도 대부분 대화로 풀 줄 모르기 때문입니다. 저희 부부가 사용한 가장 좋은 방법은 서로 존댓말을 쓰는 것이었습니다. 그러면 아이들도 부모가 서로 존댓말을 쓰는 것이 당연하다고 느끼며 자라게 됩니다. 그 다음은 아이들에게도 계속해서 존댓말을 쓰는 것입니다. 그것만으로도 아이들의 좋은 언어 습관을 길러 줄 수 있습니다.

환경 5   부모만큼이나 중요한 선생님이라는 환경

훌륭한 스승을 만나면 누구든 천재가 된다

누구나 그렇겠지만 저 역시 어린 시절의 기억 중 절반은 학교와 선생님에 관한 것으로 채워져 있습니다. 가슴이 울컥할 정도로 아름다운 사연도 있고, 다시는 떠올리고 싶지 않은 모멸의 추억도 있습니다. 지독히도 어렵고 가난하던 시절이라 일도 많고 탈도 많았던 것이겠지요. 그런데 그때나 지금이나 똑같이 드는 의문 중 하나는 우리 선생님들은 왜 그렇게 자긍심이 없을까 하는 것입니다.

초등학교 때던가요, 쉬는 시간이면 어김없이 창밖을 내다보며 담배를 피우던 담임선생님이 계셨습니다. 담배를 깊이 빨아들인 뒤 마치 한숨을 쉬듯 길게 연기를 토해 내던 연세 지긋하신 선생님의 모습은 어린 제가 보기에도 왠지 측은했습니다. 무엇이 그분을 그렇게 처량하고 슬프게 만들었는지는 아직도 알지 못합니다. 다른 선생님들도 그다지 행복해 보이

지 않은 건 마찬가지였습니다.

중학교 때 당시 문교부에서 일선 교사들의 과외 수업을 일절 금지했습니다. 그럼에도 선생님들은 공공연히 자기 반 학생들을 상대로 과외를 했고, 평소 저보다 공부를 못하던 아이들이 시험만 치면 점수가 더 잘 나왔습니다. 씁쓸했지만 어찌할 도리가 없었습니다.

저는 가정 형편상 공고를 다녔습니다. 그것도 주간이 아니라 야간이었습니다. 그래도 지방에서는 알아주는 명문 공업학교의 선생님들에게 배운다는 자부심이 있었습니다. 하지만 체벌이 시쳇말로 장난 아니었습니다. 아이들한테 손을 댔다 하면 거의 몽둥이찜질 수준이었습니다. 군기를 잡는다는 명목으로. 학교인지 군대인지 분간이 안 되는 3년을 보냈습니다. 언젠가 강의를 위해 지방에 갔다가 고등학교 때 선생님과 마주쳤지만 못 본 척 피해 버렸습니다. 애초부터 존경하는 마음이 없었던 데다 반갑지도 않았기 때문입니다.

대학과 대학원을 11년간 다니면서도 저의 의문은 여전히 풀리지 않았습니다. 강의를 한다는 교수가 준비한 내용이 학생들 리포트보다도 못하고, 차라리 그 시간에 소설책을 읽는 게 낫겠다는 생각이 들 정도였습니다. 내용도 없는 강의를 하면서 출석 체크니 리포트니 시험 같은 것으로 학생들을 옥죄는 옹졸한 곳이 상아탑이라 불리는 곳이었습니다.

'세계의 대통령'을 만든
김성태 선생님

부모가 자녀를 학교에 보내는 이유는 뭘까요? 단순히 선생님들로부터 '지식을 배운다'고 생각하면 아마도 학교에 보내지 않을 부모가 더 많을 것입니다. 지식 외에도 선생님으로부터 바람직한 인격적 영향을 받고, 친구들과의 조화와 협력 같은 사회성을 배우고, 집단에서의 규율과 질서 의식을 기르는 도장이 될 수 있다고 기대하기 때문에 학교에 보내는 것일 테지요. 그래서 저는 신학기가 되면 아이들이 등교하기 전에 아이들 머리에 손을 얹고 기도해 줍니다. "올해도 좋은 선생님을 만나 좋은 것 많이 배우는 한 해가 되게 해 주소서"라고 말입니다.

좋은 선생님을 만나는 것은 어떤 면에서는 좋은 부모를 둔 것 이상으로 중요합니다. 시골 학교를 다닌 반기문 유엔 사무총장에게 고등학교 시절 김성태 선생님 같은 열의 있는 분이 없었더라면 그의 꿈은 씨앗 상태로 머물러 있었을지도 모릅니다. 열아홉 나이에 미국을 돌아보고 케네디 대통령을 만나는 기회를 얻지도 못했을 것입니다. 선생님은 영어를 유난히도 좋아하는 반기문에게 "외교관이 되어 보라"는 조언을 해준 것은 물론, 미국 적십자에서 주최하는 방문 프로그램에 참가할 수 있는 기회도 마련해 주었습니다. 인간적이고 앞길을 인도할 줄 아는 선생님을 만나고 그 선생님으로부터 신뢰를 받는 것만큼 더 좋은 교육 환경은 없습니다.

평소 제가 존경하는 신영복 선생님은 "교육에서는 속도나 효율성이 합리적 잣대가 될 수 없다"고 말씀하셨습니다. "교장 선생님 아들로 태어나 학교 사택에서 자랐고, 교사로 일하다 감옥에서 20년간 지낸 후 다시 17

년간 학교에 몸담았으니 나는 평생 학교에 있던 사람"이라며 "그동안 느낀 것은 교육에는 왕도가 없으며, 교육은 기능적 측면만으로 얘기할 수 없다는 것"을 강조했습니다. 또 "대학이 인성을 가꾸는 곳이 아닌 기능을 익히는 공간으로 변했기 때문에 학생들 입장에서는 '대학에는 교수만 있고 스승은 없다'는 불만이 있을 수밖에 없는 일"이며 "이런 사실을 간과하고 학교 측과 학생들이 갈등을 빚는 것에 대해 학생들만 비난하는 것은 문제가 있다"고 일갈했습니다. 기능인 양성 위주의 대학 사회를 비판한 말이지만, 그 안에는 교육의 모든 문제가 함축되어 있습니다.

저는 조금 지나친 욕심을 실천에 옮긴 적도 있습니다. 훌륭한 스승을 무턱대고 바라지 말고 직접 좋은 선생님을 만들어 보자고 시도했던 것입니다. 우리 아이들이 초등학교에 다닐 때였습니다. 한 학기에 한 번 이상은 담임선생님을 찾아뵙고 면담 시간을 가졌습니다. 학교생활에 관한 의견을 주고받으며 아이의 특성을 말씀드리고 이러저러한 부분에 대해서는 아이에게 자주 격려와 질문을 해 달라고 부탁을 드렸습니다. 그리고 학기가 끝나면 꼭 작지만 정성 어린 선물로 감사의 마음을 표했습니다. 그것이 저희 부부가 할 수 있는 최선이라고 생각했기 때문입니다. 그 덕분인지는 몰라도 우리 아이들은 선생님을 좋아하며 기대 이상으로 잘 자라 주었습니다.

한번은 어떤 교사의 교단 일지를 읽게 되었습니다. 한국에서 '좋은 교사'란 점점 만들어져 가고 다듬어져 가는 것이 아니라 스스로 '왜 나쁜 선생님이 될 수밖에 없는가'를 깨달아 가는 것이라는 요지의 글이었습니다. 부임 초에는 '좋은 선생님으로 기억되어야지' 하고 시작했지만, 책상에

엎드려 자는 아이, 가래침을 뱉는 아이, 수업 시간인데 책도 펴지 않는 아이를 보고 있노라면 도대체 수업을 진행하기가 힘들 때가 많다고요. 이해합니다. 한꺼번에 그 많은 아이들을 일일이 챙겨 줄 수도 없고 각기 다른 성향의 아이들을 일률적으로 대할 수도 없는 노릇입니다. 교직이 성직이 아닌 이상 여러 면에서 현실적인 한계를 절감할 것입니다. 선생님 혼자 가정교육의 실패를 감당하기란 도저히 불가능한 일일지도 모릅니다.

그래서 부모로서 제가 생각해 낸 방법이 아이들에 대한 교육의 전권을 선생님에게 맡긴다고 말씀드리는 것이었습니다. 벌을 주어도 좋고 때려도 좋으니 바르게만 이끌어 달라고 말입니다.

우리 아이들이 좋은 선생님을 통해 인성을 가꾸고 꿈을 키워 당당한 인생을 사는 어른으로 성장해 가길 바랍니다. 어른이 되어 자신이 받은 가르침과 은혜를 다시 자녀와 다른 아이들에게 고스란히 나누어 주는 그런 세상이 얼른 왔으면 합니다.

교사만 있고 스승은 없다?

세상이 그들을 존경하지 않는 것인지, 선생님들 스스로가 존경받기를 원하지 않는 것인지는 몰라도 적어도 지나온 저의 생애에 스승이라고 부를 만한 분은 한 사람도 없었습니다. 그것은 개인적으로도 큰 불행이지요.

유독 저만 이런 생각을 가지고 있는 걸까요? 혹시 남들은 모르는 유별난 피해 의식 때문에 그런 걸까요? 그런데 그게 아니었습니다. 얼마 전 제가 읽은 《나는 선생님이 좋아요》란 책에서 저는 그 이유를 확실히 알 수 있었습니다.

이 책은 두 사람이 이야기의 중심축입니다. 이제 막 교단에 들어선 스물두 살의 고다니 선생님과 데쓰조 학생. 고다니 선생님은 모두가 부러워할 만한 명문가 출신의 인텔리 여성이고, 데쓰조는 정반대의 조건을 두루 갖춘, 선생님들도 학생들도 싫어하는 기피 대상 1호 인물입니다. 우리나라로 치면 예전의 난지도 같은 쓰레기 매립장에서 부모도 없이 할아버지와 단 둘이 살고 있는 아이입니다. 당연히 꾀죄죄한 모습에 불쾌한 냄새가 몸에 배어 있습니다. 더 가관인 것은 파리를 애완동물로 기르고 있다는 점입니다. 1학년인 데쓰조는 글도 쓸 줄 모르고 사람도 믿지 못합니다. 감정 표현도 제대로 할 줄 모릅니다. 고다니 선생님 역시 사회 초년병으로, 젊지만 미숙하고 마음이 여려 지저분하고 어두운 데쓰조에게 쉽게 다가가지 못합니다. 가끔씩 용기를 내 보지만 그때마다 좌절하고 한계를 느껴 울기까지 합니다.

하지만 그녀는 굴하지 않고 '내가 누구인가!'라는 자긍심을 가지고 새로운 국면을 열어 갑니다. 물론 그 과정이 순탄치는 않습니다. 의지가 굳거나 경험이 풍부한 선생님이 아니라서 하나하나가 힘에 부치고 혼란스럽고 안타까운 상황의 연속입니다. 가정에서조차 마찰이 생기고 선생님들에게 질책을 당하기도 합니다. 그러나 끝내 그들이 서로를 이해하고 받아들였을 때 느끼는 감동은 이루 말할 수가 없습니다.

그렇다고 이 책을 한 아이의 마음의 문을 열게 한 어느 선생님의 감동적인 제자 사랑 이야기로 보아서는 곤란합니다. 그런 측면이 없는 것은 아니지만, 이 책의 진정한 의미와 가치는 따로 있습니다. 마음의 문을 여는 데서 그치지 않고 아이가 제일 좋아하는 대상을 아이의 변화와 성장의 고리로 연결했다는 것입니다. 고다니 선생님은 데쓰조가 가장 잘하는 분야, 즉 파리를 단순한 애완동물이 아니라 값진 연구 대상으로 바라보게 하고 목표를 잡아 줍니다. 그 결과 데쓰조는 더 이상 열등한 쓰레기 매립장의 아이가 아닌 어엿한 파리 박사가 되어 갑니다. 덕분에 글을 배워야겠다는 동기가 생겨 일기를 쓰게 되면서 데쓰조는 자신의 의사를 자유롭게 표현하는 아이로 변모되어 갑니다. 데쓰조의 관찰과 연구 결과를 바탕으로 그동안 백과사전에도 실리지 않은 파리의 생태가 새로 밝혀지기도 합니다. 그것을 계기로 인근 소시지 공장의 오랜 골칫거리가 해결되기도 합니다. 파리의 습격을 막아 준 것입니다.

1974년에 하이타니 겐지로가 자신의 17년 교직 체험을 바탕으로 쓴 이 책은 광고 한 줄 없이 입에서 입으로 전해져 지금껏 수백만 독자의 사랑을 받았습니다. '어린이를 가르친다'가 아니라 '어린이에게 배운다'는 그의 교육 철학은 이후에도 수많은 모방작과 비판작을 낳았습니다.

환경 6   성장 단계에 따른 '맞춤 교육'이라는 환경

영재와 둔재의 차이는 '타이밍'

성공하는 투자자와 실패하는 투자자의 차이는 뭘까요? 그것은 바로 타이밍입니다. 사야 할 때와 팔아야 할 때를 잘 알아 큰 소득을 올리는 투자자는 성공할 수밖에 없습니다.

투자뿐만 아니라 모든 일에서 타이밍은 성패의 결정적인 요소로 작용합니다. 반도체 신화의 주역으로 유명한 진대제 전 정보통신부 장관은 "반도체는 한마디로 타이밍 산업"이라고 하면서 "적절한 때에 기술 개발을 못하거나 투자가 수반되지 못하면 바로 원가 경쟁력이 낙후되어 경쟁에서 탈락하게 된다"고 말했습니다. 반도체뿐만 아니라 주식, 부동산, 농사에서도 타이밍은 성과를 내느냐 못 내느냐를 좌우하는 핵심 변수입니다. 각 분야의 고수들이 하나같이 '때'를 중시하고 타이밍을 잘 포착하기 위하여 촉각을 곤두세우는 이유가 여기에 있습니다.

자녀 교육에서의 타이밍은 가히 절대적입니다. 세상에서 이보다 더 중요한 것이 있을까요? 다른 것들이야 어느 정도 시간이 지나면 다시 도전하여 만회할 수도 있지만, 자녀 교육은 결코 그렇지 않습니다. 돌이킬 수도, 다시 시작할 수도 없습니다. 그때가 아니면 안 되는 것입니다.

그럼에도 불구하고 우리 부모님들은 아이는 태어나서 저절로 크는 것이라고 생각하며 별 계획 없이 키웁니다. 설사 아이의 양육에 대한 남다른 열정을 갖고 있다 하더라도 어떻게 해야 할지 모르는 경우가 태반입니다. 언제 어떤 교육을 시켜야 효과적인지 몰라 우왕좌왕하다가 결국 타이밍을 놓쳐 버립니다. 뒤늦게 많은 사교육을 시키는 등 여러 시도를 하건만 깨어나지 않는 아이의 학습 능력 때문에 애만 탑니다. 이런 분들을 놀라게 할 이야기가 있습니다.

모든 유아는 천재가 될 수 있다

미국에서 불과 열다섯 살 정도밖에 안 된 한 소년이 하버드 대를 우수한 성적으로 졸업한 일이 있었습니다. 윌리엄 제임스 사이디스라는 소년으로, 유명한 심리학자의 아들이었습니다. 만으로 한 살 반 때부터 체계적인 교육을 받기 시작하여 세 살 때 글을 읽고 쓸 수 있었다고 합니다. 초등학교에 입학하자마자 두 학년을 건너뛰고 3학년이 되었으며, 바로 그해에 초등 과정을 마쳤습니다. 소년의 천재성은 계속되어 여덟 살에 중학교에 입학하고, 이미 수학과 고전, 현대 문학, 천문학, 영문법 및 라틴어에 능통했으며 교과서를 집필할 정도였습니다. 소문이 전국 방방곡곡에 나서 모두들 감탄과 찬사를 아끼지 않았습니다. 만 열한 살 때는 미국 최고의 대학인 하버드 대에 입학하여 사차원 세계에 대한 강의로 교수들을 놀라게 하기도 했습니다. 그는 후일 교수가 되었습니다.

사이디스와 같은 해에 하버드 대를 졸업한 또 한 사람의 천재가 있었습니다. 아돌프 발이라는 소년으로, 당시 열여섯 살이었습니다. 그 역시 교수가 되어 많은 업적을 남깁니다. 또 로버트 위너라는 소년은 열 살에 태프트 대에 입학하여 4년 만에 졸업을 하고 하버드 대학원에 들어가 열여덟 살에 철학 박사 학위를 받았습니다.

이 아이들의 이야기를 듣고 여러분은 무슨 생각이 드십니까? '열 살 신동, 열다섯 살 천재, 스무 살 범인'이라는 옛말이 있지만, 한꺼번에 세 신동이 같은 대학에 모였다는 것은 절대로 우연이 아닙니다. 소위 말하는 신동들이 아니라는 것입니다. 그들은 모두 '어떤 교육'의 결과였으며 '필연적인 영재들'이었습니다. 발과 위너의 형제들이 이를 증명합니다. 같은 부모와 가정에서 태어났지만 발과 위너의 형제들은 다른 아이들과 동일한 교육을 받았기 때문에 모두가 비슷한 수준의 학력을 지니게 된 데 비해, 발과 위너는 형제들과는 달리 '특별한 조기 교육', '다면적 교육'을 받았습니다.

다면적 교육의 이면에는 카를 비테 목사의 교육법이 있었습니다. 이 교육법의 핵심은 '모든 유아는 천재'라는 것입니다.

비테 목사는 막 걸음마를 시작할 때부터 아이를 자연으로 데리고 나가 끊임없이 오감을 자극하고 발달을 촉진시켰습니다. 말을 가르칠 때도 아이에게 친근한 신체 각 부위의 명칭, 방이나 정원에 있는 여러 가지 물건의 이름부터 가르쳐 주었습니다. 실내의 여러 가지 물건을 소재로 이야기를 만들어 그 속에서 자연스럽게 새로운 것의 이름을 익히게 했습니다. 열쇠나 다른 물건을 이용하여 수학이나 숫자의 기본 개념을 심어 주고, 나무의 크기를 비교하거나 물건 하나를 둘로 나누어 보여 주기도 했습니다. 그리고 모든 것을 몇 번이고 반복해서 확실히 알게 했습니다.

영국의 톰슨 부인도 카를 비테의 교육법에 따라 아이에게 말을 가르치기 시작했습니다. 생후 2주 때부터 가까운 공원에 매일 아기를 데리고 나가 아기의 손에 꽃과 잎사귀를 쥐여 주고는 '이것은 꽃이고, 이것은 잎사귀란다' 하는 식으로 말을 가르쳤습니다. 아이는 유치원과 초등학교에 들어가면서부터 뛰어난 성적을 보였고, 열다섯 살에 런던 대 의과 대학에 입학했습니다.

잘 키우려면
0세부터 시작하라

뛰어나고 강한 아이로 키우려면 부모가 되도록 일찍 행동에 들어가야 합니다. 적어도 태어나서 72개월 동안만이라도 만사를 제쳐 놓고 아이와 함께하며 발달에 따른 특성을 끄집어내야 합니다. 늦더라도 자녀의 뇌가 굳어지기 전에 이 일을 완수해야 합니다. 영국의 물리학자 윌리엄 톰슨의 아버지는 "아이들 교육은 일찍 시작하지 않으면 안 된다. 그렇지 않으면 아이는 공부할 시기가 되었을 때 너무 힘들어 하며, 하려고 해도 잘 되지 않는다. 그러므로 가능한 한 일찍부터 시켜야 한다"고 했습니다.

세계적인 베스트셀러 《조용한 혁명》의 저자인 글렌 도만 박사는 뇌가 고차원적으로 발달해 감에 따라 아이의 성장 단계가 달라진다는 사실을 발견했습니다. 즉 12개월까지는 발생기 피질, 18개월까지는 원시 피질, 36개월까지는 초기 피질, 72개월까지는 성숙 피질이 발달하면서 각기 다른 발달 특성이 나타난다는 것입니다. 태어나서 72개월까지는 이후의 시기와는 현격히 다른 성장 모습을 보입니다. 예를 들어 두 살과 세 살 사이에 일어나는 변화는 아홉 살과 열 살 사이에 일어나는 변화와는 비교가 안 될 만큼 엄청난 차이를 보입니다. 태어난 지 얼마 되지 않은 때일수록 발달 변화의 정도가 더 크고 깊은 것입니다.

또 그는 아이들은 모두 일정한 성장 단계를 거치지만 성장해 가는 속도와 방법은 저마다 다르다고 말했습니다. 어떤 아이가 1년 걸린 단계를 다른 아이는 6개월밖에 걸리지 않을 수도 있다는 것이지요. 여기서 주의할 점은 부모가 재촉한다고 어느 단계를 훌쩍 뛰어넘어 성장하는 것은 절대 아니라는 사실입니다. 발달을 촉진할 수는 있어도 성장 단계를 건너뛸 수는 없습니다. 각각의 성장 단계는 다음 단계의 초석이기 때문입니다.

캐서린 콕스 박사는 《천재의 유전적 연구》라는 책을 통하여 역사상의 위인 300명 중 지능 지수(IQ) 180~200인 위인을 조사한 결과, 거의 모두 0세(우리나라의 1세) 교육을 받았다고 했습니다. 영국의 경제학자이자 철학자인 존 스튜어트 밀은 세 살 무렵부터 아버지에게 그리스어를 배우고 아홉 살에 그리스어 고전을 배웠는데, 성인이 되어 IQ 200의 천재가 되었습니다. 영국의 경제학자인 제러미 벤담은 세 살에 아버지로부터 라틴어와 그리스어를 배웠는데, 성인이 되어 IQ 190의 천재가 되었습니다. 영국의 역사가이자 정치가인 토머스 매콜리는 유아 때 천재 교육을 받았으며 일곱 살이 되기 전에 '세계역사개설'을 썼습니다.

도만 박사는 뇌 장애를 가진 아이도 두세 살부터 글자를 가르치기 시작하면 정상아보다 훨씬 지능이 높은 아이로 자랄 수 있다고 했습니다. 가르침의 시기가 0세에 가까울수록 천재로 클 확률이 높아진다고도 했습니다. 그는 이렇게 말했습니다.

"아이가 두 살이 넘으면 글자를 배우는 것이 해마다 어려워진다. 최소의 시간과 노력으로 아이에게 읽기를 가르치고 싶다면 두 살 때 시작하는 것이 최선이다. 좀 더 고생을 덜하고 싶다면 한 살 반부터 시작하라. 그리고 부모가 현명하다면 10개월 때 시작해도 좋다."

아이의 평생을 좌우하는 '가능 능력'

그렇다면 조기 교육이 왜 이렇게 대단한 효과를 낳는 것일까요? 놀라운 학습 능력을 가져오는 조기 교육의 비밀은 무엇일까요? 그것은 아이에게 '가능 능력'이 있어서입니다.

여기 도토리 한 알이 있다고 합시다. 그것이 이상적으로 자랄 경우 30미터짜리의 나무가 될 수 있다면 30미터가 그 나무의 가능성이라고 할 수 있습니다. 마찬가지로 어린아이가 아주 이상적으로 성장해서 100이라는 능력을 갖춘 사람이 될 수 있다면, 우리는 그 아이가 100이라는 가능 능력을 갖추고 있다고 말할 것입니다.

물론 이상적 성장이라는 것은 현실적으로 불가능합니다. 즉 30미터짜리의 나무가 될 가능성을 갖고 있는 도토리라 할지라도 실제로는 그런 나무로 성장하기가 어렵다는 것입니다. 보통은 12미터나 15미터, 장소가 나쁘면 6~9미터의 나무로밖에 자라지 못합니다. 그러나 거름을 주고 정성껏 돌보면 18미터나 21미터, 혹은 27미터의 나무로 성장할 수도 있습니다. 마찬가지 논리로 우리가 생각하는 교육의 이상은 어린아이의 가능 능력을 100퍼센트로 끌어올리는 것입니다.

아이가 가능 능력을 최대한 발휘하게 하려면 생각을 깨워 나가는 아이의 능력을 믿고 엄마 아빠가 지속적이고도 반복적으로 아이를 자극하고 흥미를 유발시켜 주어야 합니다. 가령 집 안의 모든 물건에 한글 이름을 붙여 놓고 아이에게 글자를 가르친다고 할 때, 아이는 부모의 말과 동작을 따라 하기 위해 엄청난 노력을 기울이게 됩니다. 적게는 수천 번에서 많게는 수만 번의 반복 과정을 거쳐 아이는 비로소 말을 배우고 반응을 나타냅니다. 이처럼 아이 안에 잠재된 능력은 끊임없는 자극과 훈련으로 비로소 눈을 뜨기 시작합니다. 그리고 일단 눈을 뜨면, 깊은 샘물이 솟아올라 마른 들판을 적시고 강물을 만들어 내듯 학습 능력에서 남다른 발달을 이루게 됩니다.

또 어린아이의 가능 능력에는 '체감 법칙'이라는 것이 있어서 100퍼센트의 가능 능력을 갖고 태어난 아이에게 태어난 직후부터 교육을 시키는 대신 다섯 살 때부터 교육을 시키면 그 효과가 반감됩니다. 아무리 이상적인 교육이라도 그 시기가 늦어지면 늦어질수록 어린아이의 타고난 능력의 실현 비율이 낮아지는 것입니다. 그 이유는 앞에서 설명한 발달 시기 때문입니다. 사람이든 동물이든 능력 발달에 따른 특정한 시기가 있어서 그때그때 필요한 발달의 기회를 주지 않으면 신비로운 능력이 발휘되지 못하고 사라지고 맙니다. 동물원에서 자란 맹수가 자연으로 방사되어도 생존하지 못하는 것은 그들이 선천적으로 가진 사냥에 대한 감각을 제때 키우지 못했기 때문인 것과 마찬가지입니다. 악기를 예로 들면 바이올린은 세 살, 피아노는 다섯 살 때부터 시작하지 않으면 절대로 심오한 경지에 이르지 못한다고 합니다.

조기 교육의 실현만이 어린아이의 가능 능력 체감 현상을 막아 주고 능력을 최대한 발휘하게 하는 것입니다.

성장에 꼭 필요한 교육적 자극은 언제, 어떻게?

발달 시기에 맞는 적절한 자극을 제공하려면 어떻게 해야 할까요? 남미영 한국독서교육개발원 원장이 쓴 '수다쟁이 엄마가 되어 보세요'란 글에서 그 길을 찾아볼 수 있습니다.

1. 두뇌의 힘을 깨워 주세요 : 자장이야기 시대(출생~첫돌)

모든 아기는 천재로 태어난다. 태어나서 첫돌까지 엄마가 할 일은 그 천재적인 두뇌의 잠재 능력을 깨우는 것이다. 이 시기에는 엄마가 아기에게 말을 많이 해 주는 것이 중요하다. 아기의 두뇌를 깨우는 놀이에는 자장가 불러 주기, 이야기 들려주기, 잠자기 전 동화 들려주기, 옹알이에 답해 주기, 동요나 동시 들려주기 등이 있다. 아기들은 좌뇌보다 쉰 배나 강력한 우뇌의 힘을 이용해 엄마가 들려주는 이야기를 모두 두뇌 속에 저장해 둔다고 한다.

2. 말의 힘을 키워 주세요 : 마주이야기 시대(첫돌~만 2세)

똑같은 두뇌를 가지고 태어난 아기들이 2년이 지난 다음 언어 능력에 차이를 보이는 이유는 무엇일까? 바로 언어 자극의 차이 때문이다. 유대인들은 '수다쟁이 엄마가 천재를 만든다'라는 속담을 만들어 냈고, 20세기의 언어 심리학자들은 '두뇌는 언어 자극을 통하여 발달한다'고 정의했다. 엄마가 아기에게 부드럽고 다정하게 말을 걸어 주고, 아이가 하고 싶어 하는 말을 얼른 가르쳐 주며, 고급 어휘로 말하는 것이 아주 중요하다는 것이다. 예를 들어, 꽃을 보여 주면서 "꽃이 어디 있지?" 하고 물어보는 식이다.

3. 생각의 힘을 키워 주세요 : 그림이야기 시대(만 2~4세)

이 시기의 아이들은 상상력을 발휘해 새로운 말을 만들어 내곤 한다. 기중기를 '코끼리차'라고 하거나 초코 우유를 '캄캄한 우유'라고 하기도 한다. 아빠 다리에 난 털을 보고 '다

리카락!' 이라고 소리치기도 한다. 이 시기에 암기나 문자 공부 혹은 학습지 공부를 시키면 좌뇌가 일찍 발달하여 단기간에 단순한 공부는 소화할 수 있지만, 창의력 쪽의 시냅스들은 가지치기를 당하게 된다. 따라서 골고루 가르쳐야 한다. 가장 좋은 것이 '그림책 독서' 지도다. 아이가 그림을 보고 이야기를 만들어 보도록 자극하면 상상력과 표현력이 자라난다.

4. 감성의 힘을 길러 주세요 : 옛날이야기 시대(만 4~5세)

다섯 살이 되면 아이들의 마음은 의문으로 가득 찬다. 제일 큰 의문은 '나는 누구지?' 라는 자아 정체성에 관한 것이다. 이때 형성되는 정체성이 평생을 간다고 한다. 독서는 전래 동화가 좋다. 아이들은 전래 동화의 스토리 속에서 '가정의 질서', '인과응보의 법칙', '문제 해결의 법칙', '고진감래의 법칙' 등 '인생의 법칙'을 배우게 된다.

5. 다중 지능을 길러 주세요 : 유치원 시대(만 5~6세)

초등학교 입학을 앞둔 아동들에게 꼭 필요한 능력은 '배우기, 생각하기, 관계 맺기' 이다. 따라서 배우기에 필요한 어휘력, 이해력, 종합 능력, 분석력, 집중력 등과 생각하기를 위한 상상력, 추리력, 창의력, 논리력, 판단력, 문제 해결력 등을 중점적으로 길러 주어야 한다.

발달 시기에 따른 맞춤 교육이란 두 살배기 아기를 일곱 살배기 아이로 만드는 것도 아니고 어린이를 어른으로 만드는 교육도 아닙니다. 아이의 몸을 성장시키기 위해 알맞은 영양분을 제공하듯, 발달 연령에 따라 필요한 자극을 주고 이를 적극적으로 개발하는 것입니다. 그러면 아이는 스펀지가 물을 빨아들이듯 놀라운 학습 효과를 보이며 강하고 뛰어난 자질을 갖게 됩니다.

> 환경 7   아이의 마음에 창을 내는 독서 환경

책 없는 곳에서는 아이가 자라지 않는다

아이들은 좋은 일이든 나쁜 일이든 어른을 흉내 내는 것을 좋아합니다. 흉내를 내면서 배우는 것이지요. 어른을 흉내 내면서 사회와 인생을 배우는 아이들에게 어른은 응당 올바른 역할 모델이 되어야 합니다.

아이의 눈에 비친 한국의 아버지상은 어떨까요? 한국의 아버지들은 퇴근해서 집에 돌아오면 책상에 앉아 있는 법이 거의 없습니다. 옷을 훌러덩 벗어 던지고는 책상 대신 거실 소파에 앉아 텔레비전부터 켜고 봅니다. 그러면서 아이들에게는 방에 들어가 공부하라고 잔소리를 합니다. 난센스가 아닐 수 없습니다. 집 안에 별의별 가전제품과 가구는 있어도 아버지 전용 책상이나 책꽂이는 없습니다. 누가 보아도 이해되지 않는 풍경입니다. 한국의 가정에서 쉽게 볼 수 있는, 아주 자연스러운 풍경의 하나지요. "아무리 공부하라고 타일러도 우리 애들은 통 공부할 생각을 하지 않아요"라고 탄식조로 말하는 아버지. 그의 탄식은 아이들이 흉내 낼 만한 아버지상을 가지고 있지 못한 데 근본적인 원인이 있지 않을까요?

유대인의 성전인 《탈무드》에는 '돈을 빌려 달라는 것은 거절해도 되지만 책을 빌려 달라고 할 때는 거절해서는 안 된다'는 말이 나옵니다. 유대인들이 독서를 얼마나 중요하게 여기는지를 단적으로 보여 주는 예입니다.

마빈 토케이어는 일본에 사는 단 한 사람의 랍비입니다. 한가한 시간이면 그의 손에는 언제나 책이 들려 있습니다. 그런 아버지의 모습을 늘 보아 온, 이제 겨우 다섯 살인 그의 아들 역시 책을 들고 '공부하는 척'을 합니다. 서재에서 가장 두꺼운 책을 꺼내 들고는 의젓하게 앉아 페이지를 넘기는 아버지를 따라 합니다. 아직 글자를 모르기 때문에 내용을 알 리 없습니다. 그렇지만 아이에게는 지식보다 더 중요한 것이 남습니다. 그런 행위를 통해 '아버지는 책을 읽는 사람'이라는 관념이 어린 가슴속에 깊은 뿌리를 내리고, 그것이 그의 정신적 성장에 지대한 영향을 끼치는 것입니다.

2006년 11월, 매년 한 번 열리는 KBS의 '도전! 독서골든벨' 녹화 현장. 골든벨 아래에 앉은 강원 춘천고의 문형범 군이 기도하듯 두 손을 모았습니다.

"유네스코 세계 기록 문화유산에는 《조선왕조실록》, 《직지심체요절》 그리고 이것이 등재되어 있습니다."

문제가 막 한마디 나왔는데 그의 입가에는 미소가 번졌습니다. 힌트 두 개가 더 남았지만 들어 볼 필요도 없었습니다. 정답은 《승정원일기》였기 때문입니다.

전국 백 개 학교에서 온 100명의 '독서왕'이 실력을 겨룬 이날 대회에서 단 한 번의 찬스도 쓰지 않고 50문제를 거침없이 풀어낸 문 군이 골든벨을 울린 것입니다.

독서 '왕중왕'에다 전교 1등인 문 군은 최근 자신의 독서 경험을 묶어 《18세, 책에게 꿈을 묻다》라는 책으로 펴냈는데, 이 책이 또 베스트셀러가 되었습니다. 문 군은 부모님이 독서하는 모습을 보고 자연스럽게 책과 친해져 독서왕이 되었고, 독서와 학교 공부 외에는 따로 한 것 없이 퀴즈왕이 되었다고 합니다.

어린 시절부터 문 군의 집 안은 조용했답니다. 매일 저녁을 먹고 나면 대학 병원 임상병리사이던 아버지는 안방에서, 어머니는 부엌에서 책을 읽었습니다. 다 망가진 고물 텔레비전은 채널이 두 개밖에 나오지 않았고, 그나마도 보고 있으면 어머니가 조용히 다가와 꺼 버렸습니다.

일요일이면 교회를 다녀오는 길에 온 가족이 춘천 평생정보관 도서관에 들렀습니다. 그곳에서 독서를 마치고 가족 모두 매주 6~9권의 책을 빌렸습니다. 한 사람이 3권까지만 대출할 수 있었기에 문 군은 부모님이 빌리는 분량 속에 자신이 읽을 책을 끼워 넣기 위해 "엄마, 저 한 권만 떼어 주세요" 하면서 '아름다운 협상'을 벌이기도 했습니다. 초등학교 4학년이 되던 해 문 군의 가족은 도서관에서 선정하는 '가족 다독상'을 받았지요.

고등학생이 되면서 문 군의 독서 습관에 체계가 잡혔다고 합니다. 과거에는 취향에 따라 읽었지만, 이제는 국어 수업과 논술 시험에 직접적으로 도움이 될 만한 책을 분야별, 주제별로 가려 읽게 되었습니다. 학교 선배나 선생님, 신문과 방송이 소개하는 추천 도서 목록을 참고했다는군요.

위대한 인물의 아버지는 모두 독서가

아버지의 책 읽는 모습을 흉내 내면서 성장한 아이들 중에는 세계적 명사가 된 사람이 많습니다. 헨리 키신저 박사도 그중 한 사람입니다. 그는 유대인으로는 처음으로 미국 국무장관의 직위에까지 올랐는데, 어렸을 적 매일 아버지와 함께 공부를 했다고 술회했습니다. 성장 과정에서의 독서 환경이 강하고 위대한 인물을 낳는 것입니다.

책 읽는 부모가 아이들에게 물려주어야 할 또 하나의 독서 환경은 자주 도서관을 찾는 것입니다. 우리 아이들은 어릴 때부터 도서관 나들이를 무척 좋아했습니다. 도서관이야말로 평생 가까이할 놀이터이자 배움터라는 사실을 일찍부터 깨달았습니다. 아이들이 잘 자라나 준 데에는 도서관이라는 또 다른 부모의 품이 큰 역할을 해 주었습니다.

또 역사와 풍습이 살아 숨 쉬는 박물관과 미술관 등 각종 전시장을 시시때때로 돌아보는 것도 중요합니다. 독서 환경은 단지 활자를 접하는 것만을 의미하는 것이 아니기 때문입니다. 삶의 현장을 통해 사람과 세상을 읽다 보면 책에서 얻지 못하는 생생한 문화와 교양을 얻을 수 있습니다. 또한 그 속에서 아이의 특별한 관심을 자아내는 분야를 발견할 수도 있습니다.

즐거운 독서를 위한 열 가지 권리

모든 일이 그렇지만 독서 지도의 첫 번째 원칙은 '즐거움'입니다. 아이들에게 독서는 반드시 해야 하는 '노동'이 아니라 이야기에 빠져 들고 새로운 것을 깨닫는 호기심과 '즐거움'이 되어야 합니다. 소중한 친구요, 위대한 스승이 되어야 하는 것입니다.

프랑스 작가 다니엘 페나크는 '책 읽기에 대한 열 가지 권리'를 선언했습니다. 책을 읽지 않을 권리, 건너뛰며 읽을 권리, 끝까지 읽지 않을 권리, 다시 읽을 권리, 아무 책이나 읽을 권리, 마음대로 상상하며 빠져 들 권리, 아무 데서나 읽을 권리, 군데군데 골라 읽을 권리, 소리 내서 읽을 권리, 읽고 나서 아무 말도 하지 않을 권리 등입니다.

우리나라의 이상 독서 열풍에 찬물을 끼얹은 듯한 이 프랑스 작가의 발언은, 독서의 중요성과 책에 대한 남다른 열정을 지닌 전문가의 발언이라는 점에서 그 무게감이 작지 않습니다.

독일 작가 하인리히 만은 "책이 없는 집은 창이 없는 방과 같다"고 하면서 "누구도 책으로 둘러싸이지 않은 곳에서 아이를 키울 권리는 없다"고 말했습니다.

책과 친해지면 아이들은 모든 걸 배울 수 있는 힘을 갖게 됩니다. 하지만 책 읽기가 정말 빛을 발하려면 책에서 자유로워져야 합니다. 스스로 책 읽는 아이로 만들기 위해 부모들이 할 수 있는 최선의 선택은 책 읽기에 대한 강요 대신 스스로 책을 읽고 싶은 마음이 들게 하는 환경을 만들어 주는 것입니다. 하인리히 만의 말대로 '책으로 둘러싸인' 환경을 만들어 주는 것입니다.

책 읽기를 애써 강조하지 않아도 아이들이 스스로 읽고 싶어 달려오게 만드는 방법은 어려서부터 책을 읽어 주는 것입니다. 어릴 적 환경 곳곳에 책이 있어야 합니다. 그리고 적어도 일주일에 한두 번은 가까운 도서관이나 서점에 데리고 가서 책을 골라 읽게 하는 것입니다. 그러면 아이들은 친한 친구 대하듯 저절로 책을 가까이하게 됩니다.

아이가 책을 싫어한다고요?

책 읽기는 어떻게 가르칠 수 있을까요? 아이들에게 추천 도서 목록에 나와 있는 책들을 순서대로, 연령대에 맞춰, 차곡차곡 읽게 하면, 책 읽는 아이들로 변모시킬 수 있을까요?

세 아이를 학원 한 곳 보내지 않고 오로지 책 읽기만으로 영재로 키워 낸 유은정 씨에게 아이들의 사고력을 높여 주는 독서 교육법에 대해 들어 보면 어느 정도 그 해답을 찾을 수 있습니다. 민주, 소정, 승우 세 남매를 키워 낸 그녀의 집 안으로 들어서면 가장 먼저 눈에 들어오는 게 책이라고 합니다.

"책 속에 모든 길이 들어 있다고 생각해요. 다양한 분야의 책을 읽으니까 사고의 영역이 넓어지고, 학원에 다니지 않으니까 학교 수업 시간에 더 집중하게 되어 성적도 잘 나오는 것 같아요."

아이들을 왜 학원에 보내지 않느냐는 질문에 엄마 유은정 씨는 이처럼 자신 있게 답했습니다. 민주와 소정이는 둘 다 생후 46개월 때 사설 기관에서 영재 판정을 받았습니다. 민주는 다섯 살 때 영어 동화책을 줄줄 읽어 텔레비전에도 출연한 적이 있고, 지금도 교내외 글짓기상을 독차지하고 있습니다. 지금까지 민주는 7000여 권, 소정이는 1만 5000여 권을 읽었다고 합니다. 막내 승우의 독서량 또한 누나들 못지않다고 합니다.

그녀는 한 잡지사와의 인터뷰에서 "민주를 임신했을 때 육아 관련 서적들을 집중적으로 읽다가 '생후 36개월 이전까지는 모든 아이가 천재'라는 이론을 접했어요. 그때 '우리처럼 평범한 부부에게서도 천재가 나올 수 있을까?' 생각하면서 책을 통한 교육을 시작했어요"라고 밝혔습니다.

아이들이 배 속에 있을 때부터 많은 책을 읽어 줬다는 유은정 씨는 아이들을 키우면서 책과 친하게 지낼 수 있는 환경을 만들어 주는 데에도 많은 신경을 썼다고 합니다. 집 안을 어지럽힌다고 혼을 내지 않았고, 책을 읽으며 종이를 오리고 붙이는 놀이를 하도록 장려함으로써 사고력과 창의력을 키워 주었답니다. 이처럼 논리력과 창의력에서 두각을 나타내는 아이는 모두 독서 교육을 통해 자랐다는 특징이 있습니다.

책 읽기를 싫어하는 아이는 '책 듣기' 부터 시작하는 게 효과적이라고 합니다. 유은정 씨는 책을 싫어하는 아이를 책을 좋아하는 아이로 바꾸려면 엄마의 관심과 노력이 무엇보다 절실하다고 말합니다. 아이가 책을 읽어 달라고 할 때는 하던 일을 내팽개치고 달려갈 준비가 되어 있어야 한다는 점도 강조합니다. 뿐만 아니라 무턱대고 아이에게 책을 읽으라고 강요해서는 안 되며, 아이가 책에 관심을 가질 수 있도록 가능한 한 많은 책을 읽어 주는 것이 좋다는 게 유 씨의 생각입니다. 또한 많은 엄마가 아이가 글을 스스로 읽을 줄 알게 되면 책 읽어 주기를 그만두는데 그렇게 하면 안 된다고 합니다. 책 읽는 소리를 많이 듣다 보면 집중력이 높아지기 때문에 '듣기' 는 매우 중요한 학습 방법이라는 겁니다.

책 읽는 엄마의 모습을 보여 주는 것에도 유 씨는 남다른 기지를 발휘했습니다.

"엄마가 아이의 책을 읽으면서 키득거리는 모습을 보여 주면 아이는 '엄마가 왜 저러지?' 하며 관심을 갖게 돼요. 그렇다고 바로 그때 '너도 이 책 읽어 봐' 라고 강요하면 너무 속 보이니까, 적당한 때를 봐서 아이가 그 책을 읽도록 분위기를 유도하는 게 좋아요."

또한 유 씨는 가정 내 '독서 환경' 을 조성하기 위해 거실이나 방에 책을 깔아 놓으라고 권합니다. 이는 저도 전적으로 동의하는 방법입니다. 책을 보기 좋게 정리해 놓는 것보다는 온 가족이 함께 있는 장소 곳곳에 책을 두어, 책이 눈과 손에 항상 닿을 수 있도록 하는 게 효과적입니다. 즉 책은 생활의 일부이고 소품의 일부가 되어야 합니다. 또 특정한 책을 반복해서 읽더라도 억지로 다른 책을 읽으라고 강요하기보다는 읽고 싶은 만큼 실컷 반복해서 읽게 내버려 두어야 합니다.

지금 읽고 있는 책보다 한 단계 위의 책을 한 질 정도 준비해 놓고 가끔씩 아이의 수준을 파악해 보는 지혜도 필요합니다. 유 씨 역시 어린아이들의 경우 그림 동화부터 시작했는데, 한 살 때는 한 줄짜리, 두 살 때는 두 줄짜리로 책 단계를 조금씩 높여 갔다고 합니다.

아이들이 만화에만 관심을 갖는다고 걱정하는 부모가 많은데, 유 씨는 그럴 필요가 없다고 합니다. 만화든 아니든 아이가 진심으로 관심을 보인다면 거기서부터 독서 교육을 시작하는 게 좋다는 것이지요. 그러다가 아이에게 무엇인가 되고 싶은 꿈이 생기면 그와 관련된 책을 더욱 깊이 읽게 하여 관련 분야에 대한 이해가 깊어지게 만듭니다. 그러면서 차츰 자신이 해야 할 공부에 대해 무엇을 준비해야 할지 스스로 깨닫게 되고, 그때부터 자기 주도 학습 능력이 생기기 시작합니다. 유 씨의 둘째 소정이는 3학년 때까지는 창작 동화나 명작 동화만 즐겨 읽었다고 합니다. 하지만 화학자가 되겠다는 꿈이 생긴 뒤로는 '앳 시리즈'나 '과학자가 들려주는 과학 이야기' 등 수학과 과학의 원리를 이해할 수 있는 책들을 엄마의 권유로 읽었다는군요. 결국 그 길로 가기 위해 남다른 공부를 자기 주도적으로 해 나갔다고 합니다. 마지막으로 그녀는 말합니다.

"독서 교육을 시작하려는 엄마들에게 꼭 당부하고 싶은 말은 눈에 보이는 효과가 나타나지 않는다고 해서 조급해하지 말라는 거예요. 아이와 엄마가 그저 독서 자체를 즐긴다면 이런 여유를 가질 수 있을 거라고 생각해요."

환경 8 　아이의 정체성을 흔드는 '무서운 생활 도구들'

당신의 아들이 딸로 변한다면

　부모들은 내 아이가 또래 아이보다 성장이 빠르다 싶으면 '앞서 가는구나' 하며 좋아합니다. 하지만 성장과 발달은 정상적인 것이 가장 좋습니다. 남달리 늦거나 빠를 때 문제가 생길 수 있기 때문입니다. 대표적인 것이 '성 조숙증'입니다. 사춘기가 지나치게 빨리 시작되는 이상 현상입니다.
　성 조숙증은 말 그대로 성적 발달이 빨라 2차 성징이 일찍 나타나는 증상입니다. 성 조숙증을 앓게 되면 아이는 물론 부모 역시 어떻게 대처해야 할지 몰라 당황합니다. 또래로부터 놀림을 당하는 것도 문제가 됩니다.
　현재 학계에서는 성 조숙증을 유발하는 대표적인 원인으로 서구식 식생활을 꼽고 있습니다. 전통적 식생활에서 서구식 식생활로 변화하면서 영양 과다로 인한 비만과 신체 호르몬 이상 발달이 원인이라는 것입니다.

얼마 전 SBS 제작진이 성 조숙증의 원인을 일상생활 속에서 찾아 심층 보도한 적이 있습니다. 성 조숙증의 원인을 찾아내기 위해 환경 호르몬, 텔레비전 과다 시청, 스트레스의 영향 등 세 가지로 나누어 해외 취재와 임상 실험 등 다각적인 접근을 시도했습니다.

일단 성 조숙증에 걸리면 뼈가 조기에 성장을 멈추어 버립니다. 처음에는 빨리 자라는 것 같지만 결국 뼈를 자라게 하는 골단의 성장판이 일찍 닫혀 더 이상 키가 자라지 않는 것입니다. 성 조숙증에 걸린 남자 아이에게서 나타나는 가장 큰 변화는 키의 급성장입니다. 보통은 두 돌이 지나면 사춘기가 될 때까지 매년 5~7센티미터씩 일정하게 자랍니다. 따라서 유아기를 막 벗어난 아이가 전년도에 비해 자라는 속도가 갑자기 빨라진다 싶으면 병원을 찾아 성 조숙증 여부를 확인하는 것이 좋습니다.

유방 비대증에 걸린 남자 아이의 진실

성 정체성의 혼란도 마찬가지입니다. 성 조숙증처럼 성 정체성도 생활환경이 직접적인 원인입니다. 전 세계적인 여성화 추세가 그 단적인 예입니다. 가부장적인 사회가 급속도로 모계사회로 변하고 남성성이 그 역할을 의심받게 되었습니다. 산업화된 나라에서 남성의 정자 수는 지난 50년 동안 반으로 줄었고, 그 어느 때보다 동성애자와 트랜스젠더의 수가 급증하고 있습니다.

남자 아이가 자라면서 남성다워지는 것은 본래의 남성 호르몬이 선천적으로 작용하기 때문입니다. 여자 아이 또한 여성 호르몬이 작용해 여성스러워집니다. 그에 따라 남자 아이와 여자 아이의 발달 특성은 확연한 차이를 보입니다. 남자 아이들은 강한 자극이나 호기심을 유발하지 않으면 별다른 반응을 보이지 않으며 반복되는 것에 빨리 싫증을 냅니다. 반면에 여자 아이들은 반응 속도가 비교적 느리며 오랫동안 관찰을 합니다. 그러고는 관찰한 것을 모방하여 스스로 해 보기 시작합니다. 소꿉놀이나 인형놀이를 통해 엄마가 자기에게 한 일을 그대로 따라 하면서 성장, 발달해 가는 것입니다. 이것은 모두 인간의 몸에 내재된 원초적인 코드가 남녀 아이들을 구별 짓게 만들고 다르게 자라게 하기 때문입니다.

하지만 오늘날은 이와 같은 남녀 고유의 성 발달에 구분이 사라지고 성 정체성을 의심케 하는 온갖 현상이 난무하게 되었습니다. 정상적인 호르몬의 작용을 교란시키는 환경의 변화 때문입니다.

환경이 아이들의 성장 발달에 미치는 영향이 얼마나 지대한지는 잘 알려진 사실이지만, 최근 이를 과학적으로 증명한 보고서가 발표되었습니다. 작은 향기 하나가 성의 정체성을 뒤흔들 수 있다는 내용입니다.

미국 콜로라도 의대의 클리퍼드 블로치 박사 팀과 미국 국립환경건강과학연구소 케니스 코래치 박사 팀은 세계적인 의학 학술지 《뉴잉글랜드 저널 오브 메디신》 최근 호에서 라벤더 오일과 티트리 오일이 남자 어린이의 유방 비대증을 일으키는 원인 가운데 하나라고 경고했습니다. 이는 유방 비대증에 걸린 세 남자 어린이와 유방암 세포를 연구한 결과 드러났습니다.

라벤더는 향료 식물인 허브의 한 종류로, 초여름에 꽃을 피우며 줄기와 잎 등 식물 전체에서 짙은 향이 나는 것으로도 유명합니다. 라벤더 오일은 꽃이 필 때 가지를 잘라 이를 증류하여 뽑아내는 향료 기름을 말하는데, 우리나라뿐만 아니라 세계적으로 샴푸와 비누, 팩, 차 등을 만드는 데 쓰이고 있습니다. 또 티트리 오일은 호주가 주산지인 티트리나무 잎에서 뽑은 기름으로, 역시 다양한 생활 용품에 첨가되고 있습니다. 그런데 이것이 남성의 여성화를 촉진하고 있다는 것입니다.

유방 비대증에 걸린 세 아이는 다섯 살, 여덟 살, 열한 살로 이들 모두 공통적으로 문제의 라벤더 오일과 티트리 오일이 함유된 샴푸나 비누, 로션 같은 생활 용품을 사용하고 있었습니다. 연구 팀도 처음에는 이 사실을 몰랐습니다. 보통의 가정에서 남자 아이들이 아무 생각 없이 또는 호기심으로 누나나 엄마가 사용하는 샴푸나 비누, 기초 화장품을 쓰는 일은 아주 흔하니까요. 하지만 연구가 좀 더 심도 있게 진행되면서 세 아이 모두 다른 특이 식품이나 약물을 섭취하지 않았다는 결론에 도달했고, 초점을 생활 용품으로 바꾸게 되었습니다. 그 결과, 세 아이 모두 여성들이 주로 사용하는 용품들을 쓰고 있었고 그 속에 유방 비대와 같은 여성화를 촉진하는 역기능 물질이 들어 있었다는 사실을 밝혀냈습니다.

당시 다섯 살배기 아이는 유방 지름이 2.5센티미터, 열한 살배기는 3.5센티미터일 정도로 눈에 띄게 솟아올라 있었습니다. 마치 가슴이 부풀어 오르기 시작하는 여자 어린이처럼 말이지요. 결국 연구 팀은 이들에게 라벤더 오일과 티트리 오일이 첨가된 모든 생활 용품을 사용하지 못하게 했습니다. 그랬더니 몇 개월 후 세 아이는 정상으로 돌아왔다고 합니다.

연구 팀은 이와 함께 인간 유방암 세포를 넣은 시험관에 라벤더 오일과 티트리 오일을 넣어 유전자에 미치는 영향도 조사했습니다. 그 결과 두 가지 성분이 여성 호르몬인 에스트로겐 관련 유전자의 활동을 활발하게 하는 반면, 남성 호르몬인 안드로겐 관련 유전자의 활동을 억제하는 것으로 나타났습니다. 두 성분이 세 어린이에게 유방 비대증을 일으키는 원인 물질일 것이라는 추정을 뒷받침한 셈입니다.

우리가 여기서 깨달아야 할 중요한 사실은 유전이나 천성보다 후천적인 환경과 교육이 결정적이라는 점입니다. 아이가 영재가 되느냐 평범한 사람이 되느냐, 강한 아이가 되느냐 매사에 자신감이 없고 유약한 아이가 되느냐 하는 것은 천성이 좋고 나쁘냐보다는 태어나서 대여섯 살까지 어떤 물질적 환경에서 어떻게 교육받느냐에 달려 있는 것입니다. 물론 음식이나 생활 용품, 조미료만 아이들에게 영향을 미치는 것은 아닙니다. 자라면서 듣고 배우는 말이나 태도 역시 성 정체성과 성적 취향에 큰 영향을 끼칩니다.

　그러니 부모님 여러분, 명심하세요. 이제 강한 아이로 키우기 위해서는 단순히 정서적인 면이나 지적인 면만 신경 써서는 안 됩니다. 음식 하나, 일상의 생활 도구 하나하나에도 부모님의 세심한 주의와 보살핌이 절대적으로 요구됩니다.

환경 호르몬의 공격

또 하나 반드시 짚고 넘어가야 할 것이 있습니다. 우리의 일상생활 주변에서 흔히 접하게 되는 환경 호르몬이 아이의 과잉 행동 장애와 암 발병의 주요 원인이 된다는 무서운 사실입니다. 랜덜 피츠제럴드가 쓴 《100년 동안의 거짓말》이란 책은 이러한 위험에 대한 경고로 가득 차 있습니다. 예컨대 음식 용기와 젖병, 광택제, 캔 등에 첨가되는 플라스틱 미립자인 BPA가 아동 학습 장애와 퇴행성 신경 질환을 유발할 수 있다는 것입니다. 놀라운 것은 미국인의 95퍼센트가 체내에 BPA를 보유하고 있다는 사실입니다. 매력적인 인공 감미료로 알려진 아스파탐과 화학 조미료에 들어가는 MSG 역시 뇌 손상을 일으켜 과잉 행동 장애를 유발할 수 있습니다.

책상 위에 놓아두고 먹는 레몬맛 비타민 C에도 아스파탐 성분이 들어 있고, 아이들이 매일 두드리는 플라스틱 컴퓨터 자판에서도 각종 화학 물질이 묻어납니다. 아이 어른 할 것 없이 사용하는 종이컵도 화학 물질로 코팅되어 있습니다.

현대인의 라이프스타일이 이렇다 보니 옛 세대의 사람들 몸에서는 전혀 발견되지 않던 온갖 화학 물질이 요즘 태어나는 신생아의 체내에서는 무려 200여 종이나 검출되고 있는 실정입니다. 기형아 출생률이 급격히 증가하는 것도 각종 화학 물질로 인해 변형된 DNA 때문입니다. 더욱 충격적인 것은 그 영향이 당대에 당장 나타나지 않는다 해도 대대손손 유전된다는 연구 결과입니다. 그러나 거대 산업 자본과 그에 장단을 맞춘 정부, FDA(미 식품의약안전국) 등이 '독성 물질이라도 미량은 건강에 지장을 주지 않는다'는 논리로 지난 100년간 소비자를 기만했다는 것이 랜덜 피츠제럴드의 주장입니다.

그렇다고 희망이 없는 것은 아닙니다. 3000명의 청소년에게 스낵 대신 건강에 좋은 음식을 먹였더니 자살은 사라지고 폭행과 반사회적 행동도 20퍼센트 이상 감소했다는 결과가 나온 것입니다. 가급적 유기농 식품을 먹고, 독성 물질이 함유된 제품은 피하며, 천연 살충제를 사용하는 등 생활 방식을 바꾸면 곧 좋은 효과를 볼 수 있다는 것이지요. 지은이 역시 체내에서 독성 살충제 성분 등이 검출되었지만 식습관 개선으로 상당 부분 해결했다고 합니다

방법 1 핵심은 '자율'이다
방법 2 위대한 스승, 자연으로 돌아가라
방법 3 아버지의 자리를 찾아준다
방법 4 실력 중의 실력, 국어 실력을 키워라
방법 5 정리 정돈을 시키면 학습 능력이 껑충
방법 6 도덕성은 성공의 제1조건
방법 7 비폭력적으로 대화하라
방법 8 백 마디 말보다 하나의 행동을

03

강한 아이로 키우는 방법

강한 아이, 이렇게 키운다

아비들아, 너희 자녀를 격노케 말지니 낙심할까 함이라.

－《성경》〈골로새서〉 3장 21절

> 방법 1   핵심은 '자율'이다

생산적으로 놀고, 여유 있게 공부하고

몇 해 전의 일입니다. '놀이 학교'라는 게 생겼다고 해서 잔뜩 호기심이 일었습니다. 놀이 학교가 생겼다니 얼마나 좋은 일일까! 잔뜩 기대가 되었습니다. 그러면서도 마음 한구석에서는 혹시 놀이마저 발달 과업처럼 가르치는 것은 아닌지 의심이 들었습니다. 아니나 다를까, 제가 직접 가 본 놀이 학교는 단계를 정해 반을 가르고, 교실도 정해 놓고, 그날그날 놀아야 할 시간표까지 짜 놓고 있었습니다. 도무지 놀이다운 놀이가 하나도 없었습니다. 놀이가 뭔가요? 놀고 싶을 때, 놀고 싶은 곳에서, 놀고 싶은 사람과, 하고 싶은 놀이를 하는 것이 진정한 놀이 아닌가요? 놀이마저 돈 내고 가르치는 세상이 되었다고 생각하니 씁쓸했습니다.

"자녀를 구속하지 마라."

서울대 경제학 교수로 돌아온 정운찬 전 서울대 총장이 어느 인터뷰에서 이같이 말했습니다. 미리 틀을 정해 놓고 자녀를 키우지 말라는 말입니다. 정 교수는 최근 펴낸 자서전적 수필 《가슴으로 생각하라》에서 바람직한 자녀 교육법과 공부법을 자세히 소개했습니다.

우리나라 학부모들의 교육열은 익히 다 아는 바입니다. 세계적으로 유명한 유대인만큼이나 열성적입니다. 그런데 학년이 올라갈수록 우리나라 학생들이 창의력에서 뒤처진다는 평가를 받는 것은 왜일까요? 그것은 짜 맞춘 공부에서 헤어나지 못하기 때문입니다. 어릴 때부터 성적 올리는 공부에만 급급한 탓입니다.

21세기는 창의력의 시대입니다. 창의력이 관건인 시대에 암기 위주로 공부할 것을 요구하는 것은 시대를 거스르는 처사이며, 자녀의 미래에도 악영향을 미치게 됩니다. 정 교수가 자녀를 제대로 키우는 데 '자율'이 가장 중요하다고 말하는 것도 같은 맥락입니다. 그는 "아파트 평수와 자녀의 석차로 행복을 재는 '평등 사회'에서 자녀를 공부만 하라고 묶어 놓는 부모가 많다"며 "자녀의 창의력과 잠재 능력이 충분히 발휘되기를 바란다면 자녀 스스로 자율적으로 공부하도록 해야 한다"고 조언했습니다. 또 "창의력은 다양성에서 나오므로 가능한 한 많은 책을 읽고 다양한 경험을 해 보는 것이 좋다"면서 "유대인들처럼 자녀에게 학교에서 무엇을 배웠는지보다는 무슨 질문을 했는지 물어보는 것이 필요하다"고 강조했습니다.

정 교수는 가난한 집안 형편 때문에 고등학교 때부터 입주 가정교사를 하는 등 제대로 된 환경에서 공부할 수 없었다고 합니다. 부족한 시간을 메우느라 수업 시간에 정신을 집중해서 선생님 말씀에 귀를 기울이고, 노트를 아껴 쓰면서 요점을 요령껏 필기했습니다. 그야말로 최소한의 자원으로 최대의 효과를 보기 위해 최선을 다했던 것이지요. 그에게 시간적 여유와 물질적 풍요는 동화 속 이야기일 뿐이었습니다. 그럼에도 성적이 최상위로 나왔던 것은 스스로 알아서 '집중'한 덕분이었습니다. 그는 1분 1초도 낭비하지 않으며 수업 시간에 최대한 집중했습니다. "공부에 왕도는 없다"며 "잡념을 없애고 집중해서 공부한다면 내용을 외우고 이해하는 데 큰 효과를 거둘 수 있다"고 말했습니다.

놀아 본 아이가 공부도 잘한다

사람들은 흔히 "공부할 때는 열심히 공부하고, 놀 때는 신나게 놀아라"라고 말합니다. 그러나 제 경험으로 보면 공부와 놀이를 철저히 구분하는 것은 비효율적입니다. 그래서 저는 "생산적으로 놀고 여유를 가지고 공부하는 것이 효율적"이라고 주장하는 정 교수의 말에 전적으로 공감합니다. 생산적으로 놀라는 것은 단순히 시간을 죽이며 소모적으로 놀기보다는 건강한 육체와 건전한 정신을 활용할 수 있는 방향으로 놀아야 한다는 말입니다. "일을 단순한 노동으로만 여기면 효율이 떨어지듯이 공부도 성적을 올리는 수단이 아니라 자신을 성숙시키는 과정으로 여겨야 큰 성과를 이룰 것"이라는 말이지요. 《작은 소리로 아들을 위대하게 키우는 법》의 저자 마츠나가 노부후미는 놀아 본 아이가 공부도 잘한다고 말합니다.

아이를 여럿 키워 오는 동안 제가 깨달은 사실은, 아무리 어려도 남자는 역시 남자라는 것입니다. 관심 사항이나 놀이 문화가 여자 아이와는 확연히 다릅니다. 그러므로 우리 부모님들은 반드시 '아들의 남성성'을 이해하고 있어야 합니다. 조선일보 김윤덕 기자의 '전문가들이 말하는 남자 아이 키우는 법'이라는 기사에는 이런 말이 나옵니다.

"심리학자들 사이에 농담처럼 떠도는 퀴즈 하나. 다음 중 수명이 가장 짧은 사람은 누구일까? ① 딸만 둘 키우는 엄마 ② 아들만 둘 키우는 엄마 ③ 딸 하나, 아들 하나 키우는 엄마. 정답은 당연히 ②번이다. 그만큼 아들 키우며 살기 힘든 시대여서일까. 같은 나이라도 여자 아이들에 비해 발달 속도가 느린 남자 아이들은 교육이 본격화되는 초등학교에 입학하면서 어려움을 겪는다. 다양한 분야의 재능과 감성적 체험 활동, 꼼꼼한 숙제를 요구하는 7차 교육 과정이 남학생들에게 불리한 것도 사실. 일선 교사들은 '목소리 크고, 딴 짓 잘하고, 산만한 아이들은 대부분 남자 아이들'이라며 '상대적으로 차분하게 과제물을 제때 해내는 여자 아이들에 비해 자주 혼낼 수밖에 없다'고 전한다. 어수룩한 우리 아들, 잘 키우는 비결은 없을까?"

김 기자의 말에 따르면, 우리 부모들이 제일 먼저 알아야 할 것은 남녀의 발달 속도가 다르다는 사실입니다. 초등학교 때는 남자 아이의 발달이 원래 느리다는 것을 인지해 두어야 합니다. 숙명여대 아동학과 유미숙 교수는 "남자와 여자는 발달 곡선 자체에 차이가 있으므로 같은 또래의 여자 아이와 똑같은 기대를 하며 교육하거나 양육해서는 안 된다"고 조언합니다. 대체로 초등학교 때까지는 여자 아이들이 감성은 물론 언어 표현 능력, 사회성이 빠르게 발달해 남자 아이들이 뒤처지는 것처럼 보인다는 말이지요. 실제로도 정서 장애, 행동 장애, 발달 장애가 남자 아이들에게서 두 배에서 다섯 배까지 더 많이 나타난다는 게 국내외 소아정신과 학계의 통계라고 합니다. 마츠나가 노부후미 역시 "한시도 가만있지 못하고 몸을 움직여야 직성이 풀리는 에너지, 쓸데없는 일을 벌이는 힘, 엉뚱한 일을 생각해 내는 힘, 정해진 길에서 벗어나고 싶어 하는 아들(남성성)의 특성을 딸이었던 엄마가 이해하는 것이 우선"이라고 강조합니다.

김윤덕 기자는 말합니다. "남자 아이들에게 '놀이'가 중요한 건 그 때문이다. 마츠나가 노부후미는 '남자 아이의 학습 능력을 높여 주는 것은 어린 시절 자연 속에서 몸을 던져 충분히 놀아 본 경험이지 조기 교육이 아니다'라고 주장한다. '머리에 떠오른 재미난 발상, 엉뚱한 생각을 무턱대고 행동으로 옮겼다가 실패를 맛보면서 남자 아이들은 추진력과 창의력을 키워 나간다' 는 것. 물론 중독성 강한 컴퓨터 게임은 제외다. 차라리 머리를 쓰는 체스나 장기, 트럼프 게임이 낫다"고 말입니다.

놀이 없는 아이는 남의 인생을 살게 된다

제가 아이들에게 늘 했던 말은 "공부 좀 해라"가 아니라 "자, 공부는 조금만 하고 좀 놀자"입니다. 그러면 아이들은 청개구리 심리가 발동해서인지 공부를 더 열심히 하곤 했습니다.

아이들에게 놀이는 정신적인 성장에 매우 중요한 역할을 합니다. 따라서 놀이를 금하면서 공부만 강요한다는 것은 긴 안목으로 볼 때 절대 현명한 방법이라고 할 수 없습니다. 어린 시절에 놀 기회를 빼앗긴 아이는 자율보다는 타율, 창의보다는 답습에 길들어 자신이 아닌 타인의 인생을 살게 될 가능성이 높습니다. 결정의 순간이 와도 어쩔 줄 모르고, 휴식이 주는 달콤함도 알지 못합니다. 여가와 시간을 여유롭게 누리는 훈련을 받지 못한 사람들은 평생을 쫓기듯 살게 됩니다.

이제 우리 부모님들이 변해야 합니다. 눈앞에 보이는 자신의 욕심을 위해 아이들이 다람쥐 쳇바퀴 돌듯 학원을 전전하게 할 것이 아니라 놀 때는 마음껏 놀게 하는 지혜가 필요합니다. 성적에 얽매인 공부가 아니라 나를 알고 세상을 이해하는 자유로운 놀이를 통해 아이는 성숙한 어른으로 성장해 가니까요.

자녀들의 미래가 진정으로 행복하기를 바란다면, 놀고 싶을 때 마음껏 놀게 하기 바랍니다.

한국인 부모와 유대인 부모의 차이

한국과 일본의 부모들에게서 발견되는 공통점 중 하나는 아이들이 노는 모습을 달가워하지 않는다는 것입니다. 어릴 적부터 공부하라고 닦달하는 데 열심인 나머지 자녀들이 자유롭게 놀 시간마저 빼앗아 버리게 됩니다. 자녀를 공부 중독자로 몰아가는 것이지요. 한편 그러한 모습들은 자녀들이 일류 대학, 일류 회사에 들어가서 빨리 큰돈을 벌어 자신들의 노후를 보살펴 주기를 바라는 것처럼 보이기도 합니다. 혹은 자녀 양육의 굴레로부터 하루빨리 벗어나고픈 조급증이 엿보이기도 합니다.

그에 반해 유대인에게 자녀는 언제까지나 변함없이 자녀일 뿐입니다. 즉 부모는 아무리 나이를 많이 먹어도 부모로서의 역할을 해야 한다는 것이 유대인 부모들의 사고방식입니다. 또 그것을 자랑으로 여깁니다. 늙어서 자식들의 도움을 받겠다는 부모는 한 사람도 없습니다. 그럴 바에는 차라리 죽음을 택하는 편이 낫다고까지 생각합니다. 그리고 부모와 자식의 관계를 긴 안목에서 생각합니다. 부모는 죽을 때까지 부모이고 자식 역시 평생 자식이므로 절대 서두르지 않습니다. 이처럼 동양인과 유대인의 자녀 교육법은 부모와 자식의 관계를 언제까지 지속시키느냐 하는 시간적 관점에서부터 차이를 드러냅니다.

그렇다면 왜 동양의 부모들은 자녀가 학업을 마칠 때까지만 부모로서의 역할을 하면 된다거나 자식이 부모를 봉양하는 것을 당연한 것으로 생각하게 되었을까요? 저는 개인적으로 그렇게 된 이유가 사회 보장 제도의 미비에서 비롯되었다고 생각합니다. 전통적으로 한국이나 일본의 경우 대가족 제도를 유지해 왔고 노인들에 대한 사회 보장의 역할을 가족 공동체에서 전적으로 책임지다 보니 이러한 의식을 갖게 된 것입니다. 그래서 교육을 시키거나 진로를 결정할 때도 자녀의 특성이나 능력보다는 우선 안정적이고 고소득을 보장하는 쪽을 선호하게 되었습니다. 그러다 보니 아이들이 어른이 된 뒤에도 내적 행복은 없이 부모의 성화에 쫓기듯 살아왔다는 자괴감을 품고 방황 아닌 방황을 하게 되는 것입니다. 사람은 본래 자신이 잘하는 것, 좋아하는 것을 하며 살아야 즐겁고 행복하며, 결과적으로 부와 명예도 함께 따라오는데 말입니다.

| 방법 2 | 위대한 스승, 자연으로 돌아가라 |

"아빠, 게임 하는 것보다 훨씬 재밌어요!"

한가로운 오후를 머릿속에 그리며 다음 이야기를 읽어 보세요.

어느 더운 여름날이었습니다. 한 차례 비가 지나간 후 들판은 온통 푸른빛으로 가득 찼습니다. 개구쟁이 걸리보는 비가 오는 바람에 잔뜩 웅크리고 있다가 비가 개자마자 들판으로 쏜살같이 달려 나갔습니다. 논밭을 가로지른 들길에는 물웅덩이가 군데군데 있고, 땅속에서 비를 맞으러 나온 지렁이들이 여기저기에서 꿈틀거리고 있었지요. 그런데 걸리보는 그곳에서 신기한 놈들을 보았습니다. 뭘까요?

네! 쇠똥구리들이 어느새 나와 부지런히 일을 하는 것이었습니다. 쇠똥을 둥글게 말아서는 영차, 영차! 하며 자기 집으로 들어가는 것입니다. 걸리보는 걸음을 멈추고 그놈들을 관찰하기 시작했습니다.

"야! 너희들 참 부지런하다. 어디 숨어 있다가 나타나서 이렇게 열심히 일을 하니?"

쇠똥구리들은 걸리보의 말을 들은 체 만 체 부지런히 일을 하고 있었습니다. 그들이 일하는 모습은 걸리보에게 경이로움 그 자체였습니다. 땅바닥에 펑퍼짐하게 널려 있던 쇠똥을 앞발과 뒷발로 이리 굴리고 저리 굴리더니 어느덧 동그랗게 마는 게 아니겠습니까? 걸리보는 정말 신기했습니다. 어떻게 조그마한 곤충의 머리에서 저렇게 놀라운 지혜가 나올까 생각한 것이지요. 그래서 걸리보는 놀러 가던 것도 까맣게 잊어버리고 그 자리에 쪼그리고 앉아 하염없이 지켜보았습니다. 동그랗고 조그맣던 쇠똥은 점점 커지더니 어느덧 쇠똥구리 몸보다 더 커졌습니다. 그리고 크기가 웬만해지니까 이제는 서서히 굴리기 시작하는 것이었습니다.

'야! 어떻게 저렇게 공을 잘 만들까? 그리고 공으로 만드니까 자기보다 더 큰 것도 운반할 수 있네.'

걸리보는 속으로 생각했습니다.

'그런데 어째서 사물이 동그랗게 되면 저렇게 잘 굴러가는 걸까?' 하는 의문도 생겼습니다.

'쇠똥구리는 엄마가 주먹밥을 만드는 것처럼 쇠똥으로 구슬을 만드는 구나. 그런데 저 쇠똥 구슬은 어디로 가져가는 걸까? 혹시 땅속에 파 놓은 자기 집으로 가져갈까? 쇠똥구리는 왜 쇠똥을 양식으로 먹을까?'

관찰을 하는 동안 걸리보의 머릿속에서는 꼬리에 꼬리를 물고 의문이 이어졌습니다. 그러면서 언젠가 읽은 《파브르의 곤충기》가 생각났습니다. 쇠똥구리는 끈적끈적한 쇠똥을 작은 서양배 모양으로 단단하게 만들어 공기가 잘 통하는 꼭지 부위에 알을 낳는다는 이야기가 떠올랐습니다. 그 쇠똥 구슬 안에서 알이 애벌레가 되고 성충이 될 때까지 아기 쇠똥구리가 산다는 이야기도 생각났습니다.

오늘 걸리보의 호기심에 불을 당긴 것은 왜 동그란 구슬처럼 되면 자기 몸보다 훨씬 더 큰 것도 쉽게 굴려서 집으로 가져갈 수 있을까 하는 것이었습니다. 걸리보가 잠깐 생각에 잠긴 사이 쇠똥구리는 구멍으로 들어갔는지 보이지 않았습니다. 걸리보는 연신 고개를 갸웃거리며 동구 밖으로 걸어갔습니다.

동구 밖 가까이 가자 마을을 지키는 느티나무가 떡하니 서서 걸리보를 바라보았습니다. 높이가 5미터를 넘는 제법 큰 나무입니다. 마침 불어오는 바람이 나뭇가지를 흔들었습니다. 마치 느티나무가 "안녕, 걸리보! 놀러 나왔니?" 하고 인사하는 것 같았습니다.

가벼운 마음으로 나무를 올려다보던 걸리보의 눈에 얼핏 걸리는 것이 하나 있었습니다. 나뭇가지 사이로 부지런히 몸을 움직이며 거미줄을 치는 거미였습니다. 걸리보는 조금 전 본 쇠똥구리는 까맣게 잊어버린 채 이제는 거미에게 빠져 들었습니다. 거미가 거미줄을 치는 과정은 예전에 어린이 백과사전에서 읽어 조금 알겠는데, '멀리 떨어진 두 곳을 맨 처음에 어떻게 이었을까?' 하는 또 다른 호기심이 생겨났습니다. 개울을 사이에 두고 양쪽 나뭇가지에 연결된 거미줄 생각이 나면서 '거미가 날아갈 수도 없고 나무를 내려와서 다른 나무로 가려 해도 물살 때문에 건널 수 없을 텐데, 과연 어떻게 한 걸까?' 하는 궁금증이 강하게 일었습니다. 걸리보는 한참을 물끄러미 서서 거미가 거미줄을 치는 모습을 바라보았습니다.

집으로 돌아온 걸리보는 급히 아빠를 찾았습니다. 도무지 궁금해서 못 견디겠다는 듯 들뜬 목소리로 아빠를 불렀습니다.

"아빠! 아빠! 어딨어요?"

"왜 아빠는 갑자기 그렇게 찾니?"

비가 와서 걷었던 빨래를 다시 널고 있는 엄마가 물었습니다.

"아빠한테 물어볼 게 있단 말이에요!"

"아빠는 저기 헛간에 계실 거야. 여보! 여보! 당신 아들이 애타게 찾아요. 얼른 나와 보세요."

엄마는 아들이 아빠를 찾는 게 뭐가 그리 재밌는지 장난치듯 말했습니다. 옷에 묻은 먼지를 수건으로 털면서 아빠가 걸리보에게 성큼성큼 다가왔습니다.

"아빠!"

"어이구, 우리 걸리보가 왜 갑자기 아빠를 찾을까?"

"궁금한 게 있어서요."

"궁금한 거라…… 그게 뭔데?"

"두 가지인데요. 비가 그쳐서 들판으로 놀러 나갔다가 아주 신기한 장면을 보았어요. 쇠똥구리가 쇠똥 구슬을 만들어 굴려 가는 것하고, 거미가 자기 꽁지에서 나오는 줄로 거미줄을 치는 것을 보았어요."

"그래? 그런 건 잠깐 보아서는 잘 모를 텐데, 한참 들여다봤겠구나?"

"맞아요. 처음부터 끝까지 다 봤어요. 정말 재미있었어요. 책 보는 것보다 게임 하는 것보다 더요!"

"그래, 우리 걸리보 관찰력이 대단하구나. 아빠도 너만 할 땐 하루 종일 들판으로 쏘다니면서 곤충, 꽃, 돌멩이, 심지어 이끼까지 관찰하곤 했단다. 네가 오늘 본 게 쇠똥구리였다고? 엄마 쇠똥구리의 하이라이트는 역시 알을 낳는 얘기지. 동그란 배 모양으로 쇠똥을 만들어 그 속에 알을 낳고, 똥 속에서 태어난 아기 쇠똥구리는 말랑말랑한 쇠똥 속에서 28일 만에 허물을 벗고 어른이 되지."

"그건 저도 알아요. 제가 지금 알고 싶은 건 어떻게 해서 쇠똥구리가 자기보다 더 큰 쇠똥 구슬을 자기 집으로 그렇게 쉽게 가져갈 수 있을까 하는 거예요."

"웅? 하하하! 우리 걸리보가 그런 것까지 생각했단 말이야? 대단한걸. 아주 좋은 질문이야. 왜 동그랗게 되면 쉽게 굴러 갈까? 그것은 아주 오래 전 사람들에게도 매우 궁금한 거였지. 그것도 고민을 많이 한 학자들에게 말이야. 걸리보는 왜 그렇다고 생각하니?"

"구슬처럼 동그라니까 아무 데도 걸리지 않고 떼구루루 굴러 갈 수 있어요."

"맞아! 다른 사람들이 알아들을 수 있게 좀 더 쉽게 설명해 보렴. 설명을 하려면 남보다 더 깊이 관찰하고 생각에 생각을 더해야 한단다. 그것이 생각의 힘이지."

"너무 어려워요."

"물론 어렵지. 하지만 비슷한 물건을 가지고 자꾸자꾸 관찰하고 마음속으로 형상을 만들어 보면 답이 나오게 된단다. 자, 우리 집에서 쇠똥 구슬처럼 생긴 게 무엇이 있을까?"

말이 떨어지기가 무섭게 걸리보는 집 안을 이리저리 둘러보았습니다. 그러더니 한 곳에 시선을 멈추었습니다.

"저기, 저…… 아빠 자동차 바퀴요."

"맞아! 그리고 또?"

"자전거의 바퀴요."

"맞아! 걸리보야, 만약 저 바퀴들이 동그랗지 않고 네모나다면 어떻게 될까?"

"자동차가 안 굴러 가죠!"

"그렇지. 그러면 육각이라면 어떻게 될까?"

"굴러 가긴 하지만 덜컹거릴 거예요."

"빙고! 그러면 팔각형이라면 어떻게 될까?"

"아까보다는 낫겠죠?"

"그렇지! 16각형이 되고 32각형이 되면 더더욱 잘 굴러 가겠지? 그렇다면 여기엔 분명 비밀이 있겠지? 그건 바로 각이 많을수록 잘 굴러 간다는 것이고, 동그라미가 되면 아주 잘 굴러 간다는 것이지."

"그렇군요!"

"여기에는 물리적 공식이 있단다. 땅이나 바닥에 닿는 면이 넓을수록 마찰하는 힘이 커져서 그 마찰하는 힘을 능가하는 힘을 들여야 물체가 움직인다는 거야. 그런데 둥글게 되면 접촉하는 면이 좁아져서 아주 작은 힘으로도 움직이게 되지."

"그러면 동그랗게만 만들면 마찰력이 줄어서 잘 굴러 가나요?"

"그렇다고 볼 수 있지. 하지만 몇 가지 더 알아 둘 게 있어."

"그게 뭔데요?"

"구르는 운동은 또 다른 과학적 법칙이 적용된다는 거야."

"또 다른 과학적 법칙요?"

"어떤 물체가 정지해 있다면 그 물체는 계속해서 평형 상태를 유지하려는 성질이 있단다. 왜냐하면 중력이라는 힘이 작용하기 때문이지. 몸을 앞으로 숙이면 넘어지잖니? 그것은 몸의 중심이 평형 상태를 벗어났기 때문이야. 정지한 물체가 평형 상태를 벗어나면 운동을 시작하는데, 일단 운동을 시작하면 또 계속 움직이려는 성질이 생긴단다. 그래서 처음에 굴리기가 힘들지 한번 구르기 시작하면 공이든 바퀴든 잘 굴러 가게 된단다."

"와! 그러면 바퀴는 사람이 발명한 것이 아니고 쇠똥구리가 발명한 것을 사람이 훔친 거네요?"

"맞아! 자연을 잘 관찰하면 모든 이치가 그 속에 들어 있다는 것을 알 수 있어. 사람이 자연에서 배우는 거지. 이렇듯 생각의 첫 번째 단계는 무엇보다 사물을 깊이 들여다보는 거란다. 관찰이 곧 생각의 씨앗이라고 할 수 있지. 그러니 오늘 우리 걸리보가 아주 훌륭한 관찰을 한 거야."

"사람들이 쇠똥구리를 보고 바퀴와 수레를 만들었다면, 바퀴로부터 생겨난 것은 모두 쇠똥구리가 가르쳐 준 거나 다름없겠네요?"

"당연하지. 하나의 원리를 알면 응용할 수 있는 것이 이 세상에는 엄청나게 많단다. 바퀴가 만들어지자 마차가 탄생했고, 마차가 탄생한 뒤 자동차가 나온 것처럼 말이다."

이상은 제가 자연 속에서 아이를 키우기로 작정한 후 경기도 시흥에서 전원생활을 하던 어느 날 아들과 나눈 대화의 일부입니다. 거미와 거미줄의 관찰을 통해서는 바다에서 어부들이 그물을 만들게 된 경위까지 확장시켜 설명해 주었습니다. 거미줄을 펼치듯 물속에서 그물을 펼치기 위해 어떤 도구들이 만들어졌는지를 알려 주었습니다. 이렇게 가르치다 보면 가르침과 배움의 과정이 끝도 없이 펼쳐집니다.

세상에 자연만큼 재미있는 선생님은 없습니다. 자연이 가르쳐 주는 것은 그야말로 무궁무진합니다. "자연으로 돌아가라"고 한 프랑스 철학자 루소는 "스스로 배울 생각이 있는 한 천지 만물 중 스승이 아닌 것은 아무 것도 없다. 사람에게는 세 가지 스승이 있는데, 하나는 대자연, 둘째는 인간, 셋째는 사물이다"라면서 자연을 으뜸으로 꼽았습니다.

아이를 자연으로 데리고 나가 아이가 본래 가지고 있던 원천적인 소양을 끄집어내세요. 관찰력을 기르고 상상의 날개를 펼치도록 도와주세요. 자연과 대화를 나눌 수 있도록 배려하는 부모 밑에서 아이는 틀림없이 강하고 위대한 인물로 성장해 갈 것입니다.

세 살짜리 시인의 탄생

자녀 교육의 대모라 할 수 있는 스토너 부인은 자연이 주는 가르침을 누구보다 강조했습니다. 부인에게는 위니프레드라는 외동딸이 있었습니다. 이 아이는 세 살 때부터 시문을 쓰고 네 살 때에는 에스페란토로 극본을 썼습니다. 다섯 살 때부터는 시와 소설이 신문과 잡지에 실렸으며, 그중 어떤 것은 책으로 출판되어 대단한 호평을 받았습니다. 그녀는 위니프레드가 열두 살 때 《자연교육》이라는 책을 써서 자신의 교육법을 세상에 공개했습니다. 그 내용이 상당히 재미있습니다. 그중 일부를 인용해 보겠습니다.

나는 비테 아버지처럼 산책을 통해 동물과 식물에 관한 이야기를 들려주었다. 결국 동물학, 식물학, 광물학, 생리학, 화학, 지리학, 천문학 등 모든 학문에 대해서. 많은 엄마가 아이들의 못된 행동 때문에 곤란을 겪곤 하는데, 아이가 에너지를 발산할 곳을 찾아 주면 나쁜 버릇은 차츰 사라진다. 자연과 친하게 해 주면 몸도 마음도 건강하고 안정된다. 들꽃과 작은 벌레를 관찰하고 채집하고 현미경으로 연구도 하며 아이는 색다른 세계를 맛본다. 동물을 기르는 것 또한 좋은 경험이 된다. 때때로 나는 위니프레드를 데리고 여행을 하며 지리적 지식을 넓혀 주었다. 해변에 지구본을 가져가 대서양을 넘으면 유럽이나 아프리카에 도달한다는 것부터 시작했는데, 지금 딸아이는 세계 지리에 관해 놀라운 지식을 가지고 있다.

그리스·로마 신화는 좋은 이야기인 동시에 천문학에 흥미를 갖게 해 주는 좋은 예이다. 이렇게 책을 많이 읽고 많은 지식이 쌓인 후에 자기 자신과 또 사회를 위해 도움이 되는 사람이 된다는 것은 보다 값지고 보람 있는 일이다. 자녀 교육에 앞서 사회와 인류에 공헌할 수 있는 인물로 만드는 것은 부모의 마음가짐과 노력에 달려 있다고 생각한다.

모든 과목 중에서 수학처럼 어린아이에게 흥미를 갖게 하기 어려운 것도 없다. 가게 놀이를 통해 숫자를 배우는 것은 쉬웠지만 곱셈과 구구단에서 아이는 배움을 거부했다. 나의 이상은 어느 한쪽으로 치우친 학문이 아니라 원만하게 잘 발달된, 균형 잡힌 행복한 사람으로 딸아이를 키우는 것이었기 때문에 걱정을 했다. 그러나 그것은 가르치는 방법의 문제였다는 것을 깨달았다. 어학이나 음악, 문학 등은 나 자신이 좋아하기 때문에 재미있게 가르친 반면, 수학은 그렇지 못했던 것이다. 수학 또한 자연과 연관을 지어 생각하고 흥미를 갖게 한 다음 놀이로 익히는 방법을 제안해 준 혼브루크 여사의 처방은 매우 효과적이었다.

아이가 울면 곧바로 젖이나 과자를 주지 말아야 한다. 어린아이는 본능적으로 능력을 발달시키는 놀이를 즐긴다. 그러므로 먹고 마시는 만족감보다는 보고 듣는 것을 즐겁게 느끼게 해 주는 것이 중요하다. 시각 놀이, 청각 놀이는 항공기 조종사가 항공기의 조종을 배우듯 아기가 신체를 조종하는 법을 배우는 것이다. 그 밖에도 자기 근육을 통제할 수 있는 동상 놀이나 손끝을 사용하는 헝겊 인형 만들기, 자수와 뜨개질, 원예 등 지능 발달 외에도 마음을 기쁘게 하고 건강에 도움이 되는 놀이는 인내심을 기르는 데에도 도움이 된다. 아이의 놀이에 부모의 참여는 대단히 중요하다.

> 방법 3   아버지의 자리를 찾아준다

아내는 CEO,
남편은 명예 회장

저희 부부는 아이 셋을 키우면서 경이로운 경험을 참으로 많이 했습니다. 아이들에게 스스로를 키워 가는 힘이 있다는 것을 깨달은 점도 그중 하나입니다. 부모가 아이를 키우는 것이 아니었습니다. 먹을 것과 입을 것을 주는 것은 물질적 혜택 이상의 의미가 없습니다. 학비를 내 준다고 지적·정서적 함양을 불러일으키는 것도 아닙니다. 부모가 아이를 키우는 것이 아니라면 도대체 무엇이란 말입니까? 부모는 어디까지나 아이의 성장에 자극을 주는 존재입니다.

아이들은 태어날 때부터 호기심 덩어리입니다. 호기심은 세상을 배우고 사람을 이해하게 만드는 원천입니다. 그러니까 내버려 두어도 아이는 스스로 깨우치며 커 나갈 수 있는 것입니다. 그런데도 어른들은 자꾸 서둘러 가르치려 들고, 제대로 뒷바라지를 못할까 봐 조바심을 내며 죄책감

마저 갖습니다. 신경 생리학자 리즈 엘리엇은 "아이들은 가만히 두어도 스스로 자극을 받아들이는 잠재력을 타고난다"고 말합니다. 그렇다면 아이들이 받아들일 자극을 제공할 환경을 만드는 게 어른들의 몫이라 할 것입니다. 아이들이 자연스럽게 자극을 받고 호기심을 발휘하는 가운데 자라 가는 집안 분위기를 만들어야 합니다.

그러기 위해서는 부부가 서로 사랑하고 존중하는 모습을 자꾸 노출시켜야 합니다. 자녀들은 사랑의 이슬을 먹고 자라는 장미입니다. 아이들의 마음속에 '우리 엄마 아빠는 영원한 애인'이라는 생각이 들 정도로 아름다운 사랑의 모습을 자꾸 보여 주어야 합니다. 늦게 귀가하는 남편 때문에 한숨을 지으며 원망하는 엄마 밑에서 자란 딸은 결혼을 그다지 원하지 않게 됩니다. 또한 아내를 무시하고 윽박지르는 아빠를 보며 자란 아들은 커서 폭력적인 남편이 될 가능성이 매우 높습니다. 자녀 교육서 《믿는 부모》에 이런 이야기가 나옵니다.

"가정이라는 에덴에서의 행복은 최초 인간들의 타락에 의해 좌초되지만, 신은 대신 선물로 자녀를 준다. '하와'라는 이름의 본래 뜻은 '생명'이다. 하와는 곧 생명의 어머니다. 자녀는 타락으로 말미암아 단절된 인간의 불멸성을 대체하는 것이다. 자녀들을 통해 인간의 이름은 지속된다. 자녀는 언젠가 인류로 하여금 다시 에덴의 행복을 되찾게 해 줄 희망적 존재다. 가정은 이렇게 해서 완성되었다. 가정은 민족보다 앞서서 만들어졌고 다른 어떤 사상이나 노동이나 그 어떤 피조물보다 더 소중하다."

지구 상에서 이런 가정의 소중함을 일찍이 깨달은 민족은 유대 민족이었습니다. 그들은 일찍부터 일부일처제를 정착시켰으며 결혼의 순결성과 가정의 소중함을 지켜 왔습니다. 유대인은 정치, 경제, 사회, 문화 전반에서 전 세계적으로 뛰어난 능력을 발휘해 왔는데 그 원동력은 다름 아닌 가정이었습니다. 그리고 가정에서 행하는 교육의 힘이었습니다. 아빠는 직장 일이 끝나자마자 귀가합니다. 저녁 식사는 거의 예외 없이 온 가족이 함께 합니다. 이웃에 놀러 갈 일이 있으면 온 가족이 함께 갑니다. 아빠는 가장이자 선생님입니다. 신앙 교육을 시킬 뿐만 아니라 안식일이면 아이를 불러 놓고 일주일의 공부와 생활을 점검합니다.

아이 사랑은
아버지 자리 찾아 주기부터

한국집중력센터 소장 이명경 선생은 《집중력이 내 아이의 인생을 결정한다》에서 다음과 같이 조언합니다.

"대체로 아빠를 싫어하거나 무서워하는 아이들은 엄마와 아빠가 생활하는 모습을 보고 오해 아닌 오해를 하는 경우가 많다. 엄마와 아빠는 조금 큰 목소리로 대화를 한 것뿐인데, 아이는 엄마와 아빠가 싸웠다고 생각한다. 그리고 상대적으로 힘과 목소리가 더 큰 아빠가 엄마를 괴롭힌다고 잘못 해석해서 아빠를 미워하게 된다. '아빠 때문에 못 살겠다', '너희 아빠는 왜 저런다니?' 하며 엄마가 은근히 아빠 흉을 보는 일이 잦은 경우에도 아이는 엄마 편에 서서 아빠를 비난하는 마음을 갖기 쉽다. 심한 경우 자신이 나쁜 아빠로부터 착한 엄마를 구해야 한다는 부담감을 갖기도 한다. 아빠와 아이가 정서적으로 가깝게 느끼고 행복감을 나누게 하고 싶다면 먼저 엄마가 아빠를 사랑하고 존경하는 마음을 아이 앞에서 자주 표현해야 한다. 아이들은 어른들의 속 깊은 마음보다는 겉으로 표현되는 말과 행동을 보고 판단하기 때문이다. '아빠는 참 좋은 분이야', '아빠가 큰 소리를 칠 때는 엄마도 화가 나지만 친절할 때는 또 엄청 친절하시잖아. 엄마는 아빠의 그런 따뜻한 모습이 참 좋아' 하며 아빠에 대한 엄마의 긍정적인 감정을 자주 전하는 것이다. 또 아이 앞에서 부부가 자연스러운 스킨십을 주고받는 것도 좋다."

불가피하게 아이 앞에서 부부가 심한 말다툼을 하거나 싸웠을 경우에는 감정을 좀 가라앉히고 아이에게 객관적으로 설명하는 시간을 따로 갖는 것이 필요합니다. 엄마와 아빠의 의견이 좀 달라서 싸우긴 했지만, 그렇다고 엄마가 아빠를 미워하거나 싫어하는 것은 아니라는 점을 이해시키는 과정을 거치는 것입니다.

《아이는 99% 엄마의 노력으로 완성된다》로 화제를 모았던 장병혜 여사가 얼마 전 새 책을 내놨습니다. '남편을 보는 시각을 바꿔야 아이가 변하기 시작한다'라는 메시지를 강하게 전하는 책입니다. 그녀는 한 인터뷰에서도 "아내가 CEO 역할을 하면서 남편을 한 집안의 명예 회장이자 큰아들로 대하는 조직 개편이 필요하다"고 강조했습니다.

"아버지의 부재 속에서 아이들이 불안해합니다. 사랑하는 내 아이를 위해 아버지의 자리를 다시 찾아 주세요. 그게 엄마의 책임이에요."

장병혜 여사 주장의 이면에는 독특한 개인사가 담겨 있습니다. 열아홉 살에 미국 유학을 떠난 그녀는 조지타운 대에서 공부하던 시절 자신의 지도 교수이던 중국계 미국인 양각용 박사와 결혼했습니다. 전부인과 사별하고 나서 세 남매를 혼자 키워 오던 양 박사는 결혼을 하자 육아의 책임을 그녀에게 모조리 떠넘겼다고 합니다. 그런 남편이 때로 원망스러웠다는 그녀는 올바른 자녀 양육을 위해 자기만의 노하우를 찾아냈습니다. 바로 '아버지의 후광을 이용하는 법'이었습니다. 아이들에게 끊임없이 아버지의 존재와 역할을 확인시켜 준 것입니다. 세 아이를 모두 하버드와 예일 등 명문대에 보내고 변호사와 최고 경영자 등으로 키워 낸 것은 엄마의 숨은 노력 덕택이었습니다.

장 여사는 남편이자 아버지로서의 권위를 지켜 주는 말로 "그런 결정은 엄마 혼자 내릴 수 없을 것 같은데, 아빠가 오실 때까지 함께 기다리자", "오늘 저녁에 엄마가 아빠한테 여쭤 보고 내일 다시 이야기할까?", "네 생각에는 아빠가 어떻게 말씀하실 것 같니?" 등을 들었습니다. 반면 "네 아빠는 오늘도 늦는 모양이다"라는 식으로 남편의 행동을 두고 자식과 함께 수다를 떨듯 왈가왈부하거나 "너는 나중에 커서 네 아빠처럼 하지 마라"처럼 남편을 '좋지 않은 본보기'로 제시하는 말은 금물입니다. 그것은 아이에게 부정적인 아버지상을 심어 주기 때문입니다. 그녀는 또 남편에게 "당신이 아니었으면 못했을 거예요", "아이들도 늘 고마워하고 있어요" 같은 칭찬의 기술을 활용했다고 합니다.

그런데 집안일과 자녀 교육에 무관심한 남편을 그렇게 떠받들어야 하는 이유는 대체 뭘까요? 장 여사는 "불쌍한 대한민국의 남편들을 응원하려는 게 아니다"라면서 "아이를 온전한 인격체로 키우기 위해 억울함, 서운함을 잠시 접어 두라"고 조언합니다. 즉 가정환경에서 엄마가 아빠의 권위를 지켜 줘야 아빠가 가정 밖에서 겉돌지 않게 되고, 그래야 아이들이 편안하고 행복할 수 있다는 것입니다. 이미 내적 불행이 가득한 남편도 아내의 도움이 없으면 치료가 안 되고 자꾸 겉돌기만 합니다. 따라서 엄마가 아빠를 세워 주는 것이야말로 행복한 가정을 만드는 최고의 비결입니다. 그 속에서 아이들은 스스로 커 가게 됩니다.

아이의 사회 지능을 높이는 가족회의

사회 지능이 높은 아이로 키우려면 부모가 서로 의논을 통해 결정하고 일을 진행하는 모범을 보여 주어야 합니다. 가정도 작지만 엄연한 집단입니다. 집단을 이끄는 의사 결정이 필요합니다.

그다지 넉넉지 않은 살림에 욕심은 많아(?) 아이 셋을 낳은 저희 집은 중풍으로 몸져누운 부모님까지 모두 일곱 식구나 되는 대가족이었습니다. 집은 항상 분주하고 시끄러웠습니다. 게다가 어느 한 곳에 정착하지 못하고 이리저리 이사를 다녀야 했습니다. 제 직업상 2년에 한 번꼴로 집을 옮길 수밖에 없었습니다. 언젠가 둘째 딸이 자기 책상을 정리하며 지나가는 말로 "우아, 생활 기록부를 보니까 초등학교만 다섯 군데나 다녔네!"라고 했을 정도로 아이들에게나 저희 부부에게나 정말 쉽지 않은 나날들이었습니다. 허울뿐인 '맹부오천지교'인 셈이었지요. 그러니 자녀 교육인들 오죽했을까요. 한마디로 꽝이었습니다.

많은 식구에다 이곳저곳을 전전하다 보니 시간을 갖고 아이들과 이야기할 겨를이 없었습니다. 그래도 어쨌거나 일은 언제나 있었습니다. 누군가 감당해 주지 않으면 계속해서 쌓여 가는 일들……. 더군다나 환자이신 아이들 할아버지와 할머니를 위해 수발을 들어야 할 사람이 필요했습니다. 저희 가족은 불가피하게 집안의 모든 일을 분담할 수밖에 없었습니다. 그렇지 않으면 바깥일이고 집안일이고 도무지 정리가 되지 않을 테니까요.

의논을 통해 각자가 맡을 일을 정했습니다. 첫째는 할아버지와 할머니의 용변기 비우는 일을, 둘째는 자기 방과 거실 청소를 맡았습니다. 막내아들은 일주일에 두 번씩 식사 후 설거지를 하고 재활용 쓰레기를 버리기로 했습니다. 그렇게 온 가족이 분담하니 일이 훨씬 수월해졌습니다. 아무리 자식이라지만 의논도 없이 제가 일방적으로 시켰다면 아이들이 자발적으로 일을 떠맡지 않았을 것이고, 설사 한다고 해도 마지못해 시늉만 했을지도 모릅니다.

평소 사회생활을 하면서 우리나라 사람들이 회의에 매우 약하다는 사실을 절감하곤 합니다. 회의만 하면 감정이 격해져서 마음이 상하고 서로 상처를 주고받습니다. 그 이유는 어릴 때부터 의논하는 법을 배우지 않았기 때문입니다. 가부장적인 아버지들 밑에서 일방적으로 지시만 받으며 살았기에 의논을 통해 서로에게 좋은 쪽으로 합의점을 찾아가는 훈련이 되어 있지 않아서입니다.

우리 사회는 오랜 유교 전통 탓에 대화와 타협보다는 침묵과 순종의 미덕을 강조해 왔습니다. 또한 남북의 이념 대립과 파벌주의 및 집단주의 문화는 자신의 속마음을 잘 드러내지 않는 불투명한 한국인의 성향을 낳고 말았습니다. 그러다 보니 자연히 대화가 많지 않을 뿐만 아니라 대화를 하다가도 속에 쌓여 있는 분노나 스트레스가 일시에 무의식적으로 폭발하게 됩니다. 대화가 공격적으로 변질되고 마는 것입니다. 아직 한국인에게는 합리적인 대화가 요원한 숙제로 남아 있습니다.

이를 해결할 주체는 바로 부모입니다. 가정교육을 통해 자녀들에게 자유로운 토론과 지혜를 모으는 다양한 의논 방법을 가르쳐 주어야 합니다. 제일 먼저 아빠 엄마가 모범을 보여야겠지요. 올바른 대화법은 인성 발달과 성공적인 대인 관계에 큰 도움이 됩니다. 유대인은 배우기 위해서는 듣는 것보다 말하는 것이 더 중요하다고 가르칩니다. 우리는 "선생님 말씀 잘 들었어?"라고 묻지만, 유대인은 "오늘 학교에서 선생님께 무슨 질문을 했니?"라고 묻습니다. 유대인에게 '얌전하다'는 것은 '공부를 잘할 수 없다'는 뜻과 같다고 합니다. 질문을 많이 하고, 배운 것을 말로 표현할 줄 아는 아이가 이해력이 높을 수밖에 없습니다. 자녀 교육 전문가인 루스 실로는 《유대인의 천재교육》에서 이렇게 말합니다.

"내가 동양 사람과 이야기할 때 가장 곤혹스러운 것은, 대화 도중에 곧바로 침묵이 찾아오는 일이다. 사실 나는 유대인으로서는 그다지 수다쟁이가 아닌데도 나 혼자만 계속 지껄이는 경우가 흔히 있다. 나는 말로써 배우는 것이 어려서부터 습관화되어 있기 때문에, 침묵이란 배우는 것을 거부하는 것이라고밖에는 달리 생각되지 않는다. 그것은 지식에 대한 욕구의 결여라고 생각한다. 매사를 분명하게 이야기한다는 것은 자신의 속마음을 털어놓는 것이다. 남에게 '나는 진정 배우고 싶다'라는 사인을 보내는 것에 다름 아닌 것이다."

방법 4 실력 중의 실력, 국어 실력을 키워라

국어가 생각을 낳는다

지금부터 말씀드릴 내용은 가장 중요한 부분입니다. '독서를 통한 자녀 교육'은 아무리 강조해도 지나침이 없습니다. 여러분의 자녀들을 영재로 키우고 싶으신가요? 독서가 몸에 배도록 가르치십시오. 강한 아이로 키우고 싶으신가요? 독서를 통해 시도해 보십시오. 위대한 인물로 만들고 싶으십니까? 아주 어릴 때부터, 말을 알아듣지 못하는 유아 때부터 책을 읽어 주십시오. 그러면 반드시 성공할 것입니다.

유아기 때 들인 독서 습관이 아이의 평생을 좌우하게 됩니다. 저희 집은 그야말로 '책 천지(?)'입니다. 가는 곳마다 책이 무더기로 쌓여 있습니다. 제가 워낙 책을 좋아하다 보니 그리된 것이지요. 저는 어릴 적 어머니가 늦둥이인 저를 귀여워하셔서 당신의 무릎 위에 눕혀 놓고 책을 읽어 주신 덕에 일찍부터 책벌레가 되었습니다. 책이 읽고 싶어서 친구도 일부러 책이 많은 집 아이만 골라 사귀었습니다. 중학교에 들어가서는 책에 굶주린 아이처럼 부산 보수동 헌책방 골목을 뒤지고 다녔습니다. 그 덕에 저는 어른이 되어 여러 권의 책을 쓸 수 있었습니다. 이처럼 어릴 때의 독서 습관이 저의 인생을 바꾸어 놓은 것입니다.

미국소아과학회는 생후 6개월 이상의 아이에게 지속적으로 책을 읽어 주면 아이의 머리가 좋아진다는 조사 결과를 발표했습니다. 한마디가 전달될 때마다 수천 개의 뇌 세포가 반응하면서 세포 간 연결 구조가 단단해지고 새로운 세포가 만들어지는 등 언어 인지 능력이 증대된다는 사실을 발견한 것입니다. 1996년부터 2년 동안 미국소아과학회 회장을 지낸 로버트 한네만 박사는 1997년 4월에 발표한 동 학회의 보도 자료를 통해 다음과 같이 말했습니다.

"미국소아과학회 회장으로서 나는 여러분에게 자신 있게 말할 수 있습니다. 소아과 의사들은 읽기가 유아 및 어린이의 두뇌 발달에 중요한 역할을 한다는 사실을 분명히 인식하고 있습니다. 소아과 의사들은 이제 다른 처방들과 함께 읽기를 소아과 처방의 하나로 간주하고 있지요. 생후 6개월 이상의 유아들에게 반드시 매일 책을 읽어 주십시오."

독서가 어린이의 지능 및 정서 발달에 긍정적인 영향을 미친다는 것은, 학문적 연구가 아니더라도 체험적으로 확인할 수 있는 사실입니다. 국내에서는 한국교육개발원 조석희 박사 팀이 2001년 4월 11일 발표한 〈한국의 영재아, 수학 올림피아드 참가자의 환경 요인 영향 연구〉가 화제를 불러일으켰습니다. 연구 결과에 따르면 국제 수학 올림피아드에 참가한 조사 대상 학생 27명 가운데 83퍼센트가 어려서부터 혼자서 책 읽기를 좋아했다고 합니다. 조사 대상 학생들의 가정은 평균 250권 이상의 책을 소장하고 있었는데, 어려서부터 책을 읽는 습관이 수학 영재의 환경 요인 가운데 가장 중요한 부분을 차지한다는 점을 확인시켜 준 셈입니다.

음악가인 독일 뮌헨 대의 치글러와 헬러는 타고난 잠재력이 최대로 계발되는 데에는 막대한 양의 경험, 연습, 훈련이 필요하다고 했습니다. 미국의 학자 캐서린 콕스도 세계적인 저명 인사들은 어렸을 적 특별히 집중적인 훈련을 받은 경험이 있다고 말합니다. 세계적인 음악가들은 태어나기 전부터 음악을 들었고 어려서는 부모와 함께 악기를 장난감 삼아 놀았다고 합니다. 기능을 반복 연습하기 전에 감성을 충분히 발달시킨 것입니다. 또 세계적인 과학자들은 어려서부터 각종 실험을 하며 자랐습니다. 온갖 잡동사니를 집 한쪽에 모아 놓고 쪼개 보고 붙여 보며 놀았습니다. 그곳이 바로 그들의 작은 '실험실'이었던 것입니다. 이때 부모들은 자녀에게 "공부나 해!"라고 다그치지 않았습니다. 오히려 차고를 개조해서 실험실을 더 그럴듯하게 만들어 주고 목공 도구들도 갖추어 주었습니다.

이러한 예를 볼 때, 거장들의 자녀가 거장이 되는 이유를 알 수 있습니다. 세계적인 인물들은 태어나면서부터 그 부모의 취미 활동을 따라 했습니다. 아이들은 부모가 활동하는 모습을 보면서, 또 부모와 함께 활동하면서 부모로부터 물려받은 적성을 키워 나간 것입니다. 초등학교 때 적성 검사 결과를 보고 그 분야의 재능을 키운 것이 아닙니다.

어려서의 풍부한 경험, 연습, 훈련은 아이의 잠재력 계발에 필수적입니다. 부모가 함께 하면 더욱 효과적입니다. 아이는 어려서부터 부모와 함께 하는 활동을 가장 좋아하는 경향이 있기 때문입니다. 특히 아버지가 함께 할 때 아이들은 더 좋아하고 잘합니다. 그러므로 부모는 자녀와 어떤 활동을 함께 하면서 좋아하게 될 때까지 기다려 주고 인내해야 합니다.

국어 실력이
밥 먹여 준다

제가 최근에 쓴 《주니어 생각의 탄생》은 로버트 루트번스타인과 미셸 루트번스타인이 쓴 《생각의 탄생》이라는 책을 새롭게 정리한 것입니다. 어른이 읽기에도 방대하고 심오한 내용을 요약, 응축했습니다. 이 책을 한마디로 요약하면 새로운 생각을 창조하는 사람이 되려면 많이 읽고, 많이 관찰하고, 많이 머릿속에 그려 보라는 것입니다.

그렇다면 독서가 인생을 바꾼다는 것은 무슨 의미일까요? 책을 많이 읽으면 자연스럽게 국어 실력이 향상됩니다. 국어 실력이 는다는 것은 독해력과 이해력이 남다르게 우수하다는 것을 의미합니다. 이해력이 높으면 수업을 들을 때도 재미가 있습니다. 반면에 이해력이 떨어지면 수업에 흥미를 잃게 되고 결국 뒤처지면서 공부와 멀어집니다. 노는 것을 좋아하더라도 흥미 있는 책을 곁에 두고 틈틈이 펴 보는 습관이 몸에 밴 아이는 반드시 성공하게 됩니다. 이것이 대개 초등학교 4학년 때 거의 결정됩니다. 마츠나가 노부후미는 그의 책 《작은 소리로 아들을 위대하게 키우는 법》에서 이렇게 말합니다.

"나는 늘 '본격적인 공부는 열네 살부터가 좋다. 그 전까지는 마음껏 뛰놀게 하라'고 주장한다. 그러나 공부를 하지 않아도 된다는 뜻은 아니다. 공부의 기초가 되는 실력은 그 전부터 확실히 다져 두어야 한다. 그렇다면 '공부의 기초가 되는 실력'이란 무엇일까? 바로 계산력과 국어 실력이다. 그중에서도 가장 중요한 것은 문장을 올바르게 읽고 내용을 정확히 이해하며, 자신의 생각을 제대로 전달할 줄 아는 국어 실력이다. 아이가 보는 교과서와 참고서, 그리고 시험 문제는 모두 국어로 쓰여 있다. 아무리 계산이 빨라도, 아무리 화학 기호를 잘 외워도 교과서나 참고서에 쓰여 있는 내용을 정확히 읽고 올바르게 이해하지 못하면 시험 문제를 풀 수 없다."

국어 실력은 곧 독해력입니다. 독해력이란 외국어 공부에만 있는 것이 아니라 국어에서 더 중요한 능력입니다. 단어를 모르면 문장을 이해하지 못하고 맥락을 짚을 줄 모르면 결국 독해력이 떨어집니다. 부족한 독해력은 부진한 학습의 주범입니다. 어릴 때 독해력을 갖춰 놓지 않으면 나중에 꿈을 갖고 정말로 공부가 하고 싶어질 때 큰 어려움을 겪습니다.

이처럼 중요한 독해력을 키우는 데 다른 방법은 없습니다. 특별한 지름길도 존재하지 않습니다. 오직 독서를 통해서만 가능합니다. 어떤 사람은 글짓기를 많이 하면 된다고 말하기도 하는데, 사실은 이것도 책을 많이 읽으면 자동으로 해결되는 문제입니다. 저는 이미 그러한 원리를 40년 전부터 깨달아 실천해 왔고, 제 아이들 역시 아빠 못지않은 독해력과 문장력을 자랑합니다. 제 아이들은 어려서부터 책을 가까이하고 독서와 암기를 통한 훈련을 반복했습니다. 특히 《성경》을 읽고 암송하는 데 많은 시간을 투자했습니다. 효과는 아주 만족스러웠습니다. 물을 빨아들이는 스

편지처럼 나이가 어릴수록 암기력이 더 뛰어나다는 것이 결코 틀린 말이 아니었습니다. 막내인 찬이는 제 누나들보다 더 빠르게 그리고 더 많이 암기했습니다.

  책을 친구로 만들어 주는 부모가 위대합니다. 그 속에서 분명 아이는 강하게 자라날 것입니다. 지금까지 이 책을 읽으면서 다른 것은 다 잊어버려도 좋습니다. 단, 두 가지만은 마음에 새기십시오.

  '첫째, 교육은 독서가 가장 확실한 방법이다.'

  '둘째, 아이는 부모의 배려 속에서 강해진다.'

아이가 잠들기 전 30분의 위력

앞에서도 잠깐 언급했습니다만, 미국에서는 독서와 유아 발달의 상관관계에 대한 연구가 신경 생리학 및 소아 과학 분야에서 활발하게 이루어져 왔습니다. 관련 연구 성과들에 따르면 읽기는 유아의 신경 발달을 자극하는 최적의 수단입니다. 이에 따라 미국소아과학회에서는 '읽기'를 유아 양육의 공식 기준 가운데 하나로 추가하기도 했습니다. 물론 여기서의 읽기는 부모를 비롯한 양육자가 책을 읽어 주는 것입니다. 아인슈타인도 "당신의 아이들이 똑똑해지길 원한다면 동화를 들려주라"고 했습니다. 또 "아이들이 더 똑똑해지길 원한다면 더 많은 동화를 들려주라"고 말했습니다.

저희 집에서는 어릴 때부터 아이들이 잠들기 전 30분에서 1시간씩 꼭 책을 읽어 주었습니다. 사실 책 읽어 주기는 아이가 배 속에 있을 때부터 태교의 하나로 시작되어야 합니다. 그리고 아이가 태어나면 한 줄 그림 동화로 시작해서 점점 창작 동화, 전래 동화, 과학이나 역사서 등으로 나아갑니다. 책을 읽어 주는 부모의 목소리를 들으며 자란 아이는 누구보다 부모를 존경하고 사랑하게 됩니다. 본인들이 배려받고 있다는 만족감과 행복에 겨워 잠을 잡니다. 어쩌다 궁금한 것이 생겨도 스스로 책을 찾아 해답을 얻는 아이가 됩니다.

유대인 엄마들에게 하루 중 가장 중요한 시간은 자녀들을 침대에 눕히고 그 곁에서 잠들 때까지 함께 있는 시간이라고 합니다. 이 시간은 자녀들에게도 마찬가지로 소중한 시간이지요. 엄마들은 짧고 재미있는 이야기를 들려주거나 책을 읽어 줍니다. 이는 유대인 엄마들이 자녀에게 직접 전달하는 지식 교육의 한 가지라고 할 수 있습니다.

엄마가 들려주는 이야기는 대개 유대 민족의 전통에 따라 《구약 성경》 가운데에서 고른 것입니다. 아이들이 가장 재미있어 하는 것은 주로 영웅들의 이야기입니다. 모세가 애굽에서 탈출한 이야기나 다윗 왕과 거인 골리앗의 이야기 등……. 아이들은 수천 년의 역사를 단숨에 거슬러 올라가 마치 자신이 그곳에 있는 것처럼 마음껏 상상의 날개를 펼칩니다. 러시아 혁명가로 유명한 유대인계 아이작 도이치는 유치원에 다닐 때 붉은 수염의 선생님으로부터 《출애굽기》를 여러 번 들었다고 회상한 적이 있습니다.

잠자리에서 들려준 유대인 엄마들의 이야기는 위대한 작가를 탄생시키는 배경이 되기도 했습니다. 아이들을 위한 판타지 소설 《나니아 연대기》를 집필한 C. S. 루이스 박사도 그중 한 사람입니다. 기독교 집안에서 태어난 그는 젊은 시절 한때 무신론자였으나 다시 하나님 앞에 항복하고 사람들에게 기독교의 핵심 진리를 전파하는 일에 평생을 바칩니다. 《나니아 연대기》에는 어릴 적 《성경》 공부에서 얻은 영감과 상상력이 두루 녹아 있습니다. 또 영웅 나폴레옹을 찬미한 것이 계기가 되어 걸작을 쓰게 된 시인 하이네를 비롯하여 프란츠 카프카, 토마스 만 등이 있습니다. 특히 토마스 만은 《성경》의 단 몇 구절에서 영감을 얻어 장편 소설을 쓴 것으로 유명합니다.

이렇듯 아이가 잠들기 전 엄마가 들려주는 이야기는 아이에게 풍부한 상상력을 제공하기도 하지만, 긴밀한 가족 관계를 유지하는 데에도 도움이 됩니다. 책 속 이야기를 통해 대화를 나누다 보면 부모와 자녀 사이의 애정과 신뢰도 눈처럼 쌓여 가게 됩니다. 뿐만 아니라 아이에게 정해진 시간에 잠자리에 드는 습관을 들여 주는 데에도 효과가 좋습니다. 특히 텔레비전에 현혹되어 잠을 자지 않으려는 아이의 나쁜 버릇을 고치는 데 더없이 효과적인 방법입니다.

또 이 시간은 평화와 기도의 시간이기도 합니다. 설사 아이가 낮에 잘못을 저질러서 꾸중을 했더라도, 저녁 식사 때 버릇이 나쁘다고 엄하게 주의를 주었더라도 일단 침대에 들면 가능한 한 다정하게 토닥거려 주는 것이 좋습니다. 아이들이 덮고 있는 이불 위에 손을 얹고 기도해 주는 것도 빠뜨리지 마십시오. 그리고 "내일은 좋은 날이 될 거야. 모든 걱정이 사라질 것이고……"라고 속삭여 주세요. 아이 마음에 천국이 깃들 것입니다.

방법 5 정리 정돈을 시키면 학습 능력이 껑충

걸레 한 장의 기적

선생님들이 입을 모아 하는 이야기가 있습니다. 아이들에게 정리 정돈 습관이 절실하다는 것입니다. 특히 남자 아이들에게 말이지요. 어떤 선생님은 "자기 물건을 사물함에 잘 넣고 책상 정리만 잘하게 훈련시켜도 집중력이 높아져 여학생들의 학습 능력을 충분히 따라잡을 수 있다"고 말합니다.

"초등학교 1학년이라 가방 싸기가 서툴면 엄마가 도와주되 책과 학용품은 아이가 직접 넣도록 해야 합니다"라고 구체적으로 조언해 주기도 합니다. 가방 챙기기부터 숙제까지 부모가 다 해 주는 건 아들을 망치는 지름길이라는 것입니다.

또 집안일을 거드는 경험이 아이의 자율성을 키우는 동시에 공부 요령을 터득하게 해 준다고 말합니다.

교육 전문가들은 수저나 그릇 놓기, 식사가 끝난 뒤 빈 그릇 옮기기처럼 간단한 일부터 시작해서 설거지나 걸레질 등 아이의 나이와 능력에 맞게 집안일을 거들게 하라고 말합니다. 심지어는 그릇을 크기별, 용도별로 분류해 본 경험이 영어 단어를 외울 때 도움이 되며, 요리 좋아하는 아이는 과학을 잘할 수밖에 없다고 합니다.

교육이란 책상머리에서만 이루어지는 것이 아닙니다. 아이가 자라면서 만나게 되는 환경과 사물 모두가 교육이고 훗날 어른이 되었을 때 삶의 밑천(?)이 됩니다.

작지만 치명적인
살인의 향수

얼마 전 아내와 함께 '향수 : 어느 살인자의 이야기'라는 영화를 봤습니다. 프랑스 작가 파트리크 쥐스킨트의 동명 소설 《향수》를 영화화한 것입니다.

이야기는 18세기 프랑스의 어느 지저분한 재래시장을 배경으로 하고 있습니다. 그 재래시장 한구석에서 아기가 태어납니다. 그것도 고약한 악취가 풍기는 생선 가게에서. 어미라는 사람은 몹시 지저분한 생선 가판대 밑에 아기를 낳고는 생선을 토막 내는 비린내 진동하는 칼로 탯줄을 끊어 버립니다. 아기가 죽건 말건 생선 가판대 밑에 둔 채 아무런 일도 없었다는 듯 다시 장사를 합니다. 그런데 그만 아기가 우는 바람에 들통이 납니다. 어미는 갓난아기를 버렸다는 죄목으로 교수형을 당하고 맙니다.

이때부터 주인공의 비참한 삶이 시작됩니다. 돌봐 주는 사람도 없이 온갖 냄새 속에서 기막힌 인생 유전을 하게 됩니다. 갓난아기였던 그는 고아원에 맡겨지고 어느 정도 철이 들자 몇 푼의 돈에 팔려 가죽을 만드는 장인한테 넘겨집니다. 그곳에서 고된 일을 하면서 청년으로 성장해 갑니다.

그런데 그에게는 남다른 재능이 있었습니다. 그것은 천재적인 후각이었습니다. 개보다 더 발달된 코를 가지고 태어난 것입니다. 향기에 극도로 민감할 뿐만 아니라 세상에 존재하는 모든 냄새를 알고 싶어 했고, 결국 모든 냄새를 머릿속에 저장할 수 있게 되었습니다.

그의 첫 번째 살인은 사실 우연한 기회에 저질러진 실수에 지나지 않았습니다. 여태껏 경험하지 못한 너무나 매혹적인 향기에 이끌려 찾아간 곳에 아름다운 처녀가 있었는데, 그녀의 향취를 흠뻑 마시려고 다가가다 그만 일을 내고 만 것이지요. 여자가 소리를 질러 대 다른 사람에게 들킬까봐 손바닥으로 그녀의 입을 틀어막는다는 것이 숨을 틀어막는 결과를 초래한 것입니다.

하지만 모든 것을 향기로 판단하고 기억하는 그는 처녀의 아름다운 향기를 잊을 수가 없었습니다. 세상에서 가장 아름다운 향기를 자기 것으로 소유하고 싶었습니다. 향기를 소유할 수 있는 방법이 뭘까 그는 생각하게 되지요.

당시 프랑스에서는 지저분한 도시의 악취 때문에 최고의 향수가 만들어지고 있었습니다. 그는 주인의 심부름으로 염소 가죽을 배달하러 향수 회사에 갔다가 마침내 향수 만드는 일을 배우게 됩니다. 이미 한물간 곳이었지만 그는 타고난 향기 분별력으로 특별한 향수를 만들어 향수 제조사를 유명 업체로 거듭나게 합니다.

향수 제조 기술을 터득한 그는 세상에 단 하나뿐인 향수를 만들기 위해 파리를 떠나 그리스로 향합니다. 그때부터 그리스에서는 의문의 살인 사건이 끊임없이 일어납니다. 발견된 시체들은 하나같이 머리카락이 모두 잘린 채 발가벗겨진 아름다운 여인들이었습니다. 나중에 밝혀지지만 이들은 모두 향기를 채취하기 위해 희생된 사람들이었습니다. 그렇게 13명의 여인이 목숨을 잃습니다.

사라진 여인들의 시체가 곳곳에서 발견되면서 결국 그는 체포되어 사형 판결을 받습니다. 사형이 집행되는 날, 이를 보기 위해 많은 사람이 광장으로 몰려듭니다. 드디어 사형식이 거행되려는 순간, 상상할 수 없는 일이 벌어집니다. 광장을 가득 메운 사람들이 갑자기 살인범인 그를 메시아처럼 떠받드는 것이었습니다. 범인이 퍼뜨린 마법의 향기에 이끌려 천국의 환상에 빠지고 만 것입니다. 그리고 그 마법의 향기는 13명의 여인에게서 빼앗은, 세상에 단 하나밖에 없는 '궁극의 향수'에서 나온 것이었습니다. 사람들이 향기의 마법에서 깨어났을 때 그는 사라지고 없었습니다.

저는 이 장면을 보면서 작가적 상상력이 얼마나 엄청날 수 있는지 새삼 깨달았습니다. 또한 마법의 향기가 암시하듯 작은 환경 요소 하나가 인간에게 얼마나 치명적인 영향을 줄 수 있는지도 절감하게 되었습니다.

아무도 몰랐던
청소력의 비밀

우리 주변을 둘러싼 각종 환경에 비하면 정리 정돈은 아주 작은 것에 불과할지도 모릅니다. 하지만 정리 정돈을 습관으로 만들었을 때 우리 자녀에게 나타나는 변화는 가히 놀라울 정도입니다.

《청소력 : 행복한 자장을 만드는 힘》이라는 책이 있습니다. 일본에서 출간되어 220만 부 판매라는 경이적인 기록을 세운 책으로, 첫인상과는 달리 아주 독특하고 재미있습니다. 한마디로 '걸레 한 장으로 인생을 바꾼다'고 주장합니다. 혹시 하하 웃음이 나오지 않습니까? 매일 하지만 표시가 나지 않는 청소, 그리고 청소는 남자보다 여자들이 하는 집안일이라는 생각, 까짓 표도 안 나는데 하루쯤 건너뛰면 어떠냐는 생각, 이런 생각들이 얼마나 안이하고 순진한 것인지를 톡톡히 깨닫게 해 주는 책입니다.

저자인 마쓰다 미쓰히로는 지금까지 청소 관련 책만 자그마치 11권이나 낸 사람으로, 청소 전도사라 해도 과언이 아닙니다. 그에게 사업의 영감을 준 것도 청소부 친구였다고 합니다. 잇따른 사업 실패로 아내는 가출하고 아이들도 친척집에 맡겨 놓은 상태에서 매일 술에 찌들어 살던 그에게 어느 날 청소부 친구가 찾아와 걸레를 던지며 한마디 합니다.

"야, 사람 사는 방이 이게 뭐냐! 방은 내가 치울 테니 화장실은 네가 닦아라."

"창문을 여는 순간 느껴지는 바람의 감촉이 산뜻했고, 화장실 변기를 닦다 보니 이유 모를 감정이 북받쳐 나도 모르게 눈물이 흘렀다"고 그는 말했습니다. "한참 울다 보니 '나도 다시 시작할 수 있지 않을까' 하는 용기가 생겼고, 결국 인생이 바뀌었다"고 합니다. 그리고 그 길로 자기가 잘 아는 회사를 찾아가 청소라도 좋으니 일거리를 달라고 부탁하면서 청소 용역업을 시작하게 되었습니다. 그렇게 시작된 그의 재기 성공담이 일본

열도를 울리고 우리나라에까지 소개되었습니다. 그의 책을 읽고 청소를 하면서 7년간 앓아 온 우울증이 완화되었다는 독자도 있고, 청소력을 경영에 도입하여 하루 매출액을 200만 엔씩 늘린 유명 영어 학원도 생겼다고 합니다.

  그가 말하는 청소력의 비밀은 무엇일까요? 우리가 모르는 특별한 무언가라도 있는 걸까요? 아닙니다. 알고 보면 싱거울 정도로 쉽습니다. 청소력 실천의 핵심은 '마이너스 요소를 없애는 것'입니다. 이를테면 불필요한 것, 1년 이상 안 쓴 것, 막연히 나중에 쓸 일이 생길지도 모른다며 내버려 둔 것들을 골라 버리면 된다는 것입니다. 자녀들의 공부방도 마찬가지입니다. 불필요한 것들은 과감히 버리고 항상 새로운 것으로 가득 채워야 합니다. "회사든 가정이든 깨끗하게 정리돼 있으면 플러스 자장이 가득하게 되어 기분도 좋고 일의 능률도 올라"가기 때문입니다.

  이 책은 능률이 오르는 환경 조성을 위한 청소법을 이렇게 가르쳐 줍니다.

  첫째, 환기하라.
  둘째, 버려라.
  셋째, 오염을 제거하라.
  넷째, 정리 정돈을 하라.
  마지막으로, 볶은 소금

을 뿌려라.

  자연산 소금을 프라이팬에 볶아서 조금 식힌 다음 구석이나 방바닥에 뿌린 후 청소기로 빨아들이면 된다고 합니다. 그러면 방 안 공기가 무척 상쾌해진다는군요. 그 차이는 해 본 사람만이 알 수 있답니다.

  마쓰다 미쓰히로의 청소력은 깨끗하게 정리된 환경의 위력을 더할 나위 없이 잘 설명해 줍니다. "걸레 한 장이 인생을 바꾼다"는 그의 말이 결코 과장이나 허구가 아니라는 것을 잘 알 수 있습니다.

  여러분의 자녀가 달라지길 바라고 있습니까? 그렇다면 아이와 함께 청소를 해 보세요. 아이에게 정리 정돈의 습관을 가르쳐 주세요. 아이의 생활과 행동에 긍정적인 변화가 틀림없이 찾아올 겁니다.

머리는 좋은데 성적은 안 좋은 이유는?

'머리도 나쁘지 않고 남들만큼 하는 것 같은데 성적이 통 오르지 않는다. 내 아이에게 무슨 문제가 있는 것은 아닐까?'

이런 고민을 가진 부모들이 있습니다. 그러면서 원인을 아이에게서 찾으려고 합니다. 그러나 원인은 부모에게 있을 수 있습니다. 아이의 공부 문제로 고민하고 있다면 다음 1번부터 10번까지 차례대로 체크해 보시기 바랍니다. 그 안에 아이의 성적이 오르지 않는 이유가 들어 있습니다.

1. 집 안이 잘 정리되어 있는가?

책을 봐도, 수업을 들어도 도대체 머릿속에 정리가 되지 않는 아이는 어릴 때부터 보아 온 뒤죽박죽인 집 안 환경 탓일 수 있습니다. 어떤 물건이든 항상 제자리에 정리되어 있는 집 안 분위기가 체계적으로 학습하는 아이를 만듭니다.

2. 아이 방의 인테리어가 주의 집중에 방해를 주지는 않는가?

값비싼 교구와 장난감보다는 소박하지만 아이의 손을 움직이게 하는 교구를 준비합니다. 또 게임기는 치우고 소음을 차단시킵니다. 벽지, 책상, 침대 등은 모두 단조로운 것이 좋습니다. 화려한 벽지를 굳이 원한다면 방의 한쪽 면만 꾸미도록 합니다. 너무 강한 자극은 집중 못하는 아이를 만들 수도 있기 때문입니다.

3. 아이가 공부하는 시간, 부모는 무엇을 하는가?

텔레비전을 보거나 혹은 거실 가득 손님들을 초대한 것은 아닌가요? 아이가 공부하는 시간에는 부모도 공부를 하는 것이 좋습니다. 부모가 본을 보이는 것만큼 좋은 것은 없기 때문입니다. 공부를 하기 싫다면 책이라도 읽어야 합니다. 책 읽는 것도 어렵다면 조용히 다림질이라도 해야 합니다.

4. 가족 전체가 규칙적인 생활을 하는가?

일찍 일어나고 일찍 자는 것은 굉장히 중요합니다. 고액 과외를 시키는 것보다 규칙적인 사이클을 몸에 배게 하는 것이 더 좋습니다. 아이의 평생 성공 습관이 되기 때문입니다.

5. 나는 권위 있는 태도를 가진 부모인가?

학습에는 동기 유발, 자발성, 창의성, 인내력, 성취 의욕이 필요합니다. 독재적인 부모는 학습 요건의 어떤 것도 키워 주지 못합니다. 허용적인 부모는 인내력, 성취 의욕을 채워 주지 못합니다. 권위 있는 부모만이 아이를 공부 잘하는 아이로 만들 수 있습니다. 권위 있는 부모는 제한된 범위 내에서 아이에게 자율성을 갖게 합니다.

6. 아이의 학습 스타일을 아는가?

아이마다 공부하는 방식이 다릅니다. 예습이 효과적인 아이가 있는가 하면, 복습이 효과적인 아이도 있습니다. 부모 욕심대로 무조건 많이 시키려고 하면 오히려 학습 의욕이 떨어집니다. 암기를 할 때도 글씨를 써야 하는 아이가 있는가 하면, 읽는 것만으로도 가능한 아이가 있습니다. 잘 관찰해서 효과적인 방법을 선택합니다.

7. 효율적으로 공부하고 있는가?

외울 것은 외우고 이해할 것은 이해하게 합니다. 이해만 해도 될 것을 다 외우고 있지는 않은지 살펴보십시오. 전체적인 흐름을 아는 것은 체계적 학습에 있어 매우 중요합니다. 항상 목차를 참고해 대제목과 소제목을 이해한 다음 세부 내용을 보게 하십시오.

8. 아이의 건강 상태는 살폈는가?

우선 시력이 정상인지를 보십시오. 눈이 잘 보이지 않으면 학교 수업에 당연히 지장을 받습니다. 또 이비인후과 질환이 있으면 집중력이 저하되어 소리를 잘 듣지 못합니다. 코골이는 숙면을 방해하여 집중력을 떨어뜨리고, 축농증은 뇌의 활동을 저하시키는 작용을 합니다.

9. 공부할 때 배불리 먹이는가?

배부르다고 생각되는 상태의 80퍼센트 정도에서 음식물 섭취를 중단해야 합니다. 배가 부르면 두뇌로 가야 하는 맑은 피가 소화를 위해 위장으로 가게 됩니다. 그렇게 되면 두뇌는 산소가 모자라 활동을 중단하고 잠시 쉬고 싶어 합니다. 그래서 졸음이 오는 것입니다. 이 밖에 규칙적인 식사도 주의력 집중에 중요합니다.

10. 충분한 수면을 취하는가?

하버드 의대 정신과 연구 팀은 새로운 것을 배운 후 그날 밤 잠을 잔 사람과 밤을 새운 사람의 학습 효과를 비교했습니다. 후에 둘 다 잠을 충분히 잤어도 첫날 잠을 잔 사람의 학습 효과가 더 좋은 것으로 나타났습니다. 어떤 것을 기억하고 논리적으로 생각하며, 지시 사항을 이해하고, 결정을 내리는 데는 충분한 수면이 가장 중요합니다.

방법 6 도덕성은 성공의 제1조건

도덕 지능 없는 실력은 추락하기 쉽다

《우리 아이 똑 소리 나게 키우기》를 펴낸 일본의 교육학자 다쯔미 나기사는 세 살부터 열 살까지의 인성 교육이 가장 중요하다고 말합니다. 그 이상의 나이가 되면 인성을 바꾸거나 바로잡기가 힘들어진다는 뜻이기도 하지요. 그가 이렇듯 인성을 강조하는 이유는 사회생활에서의 성공을 보장하는 것이 바로 '좋은 성품'과 '도덕성'이기 때문입니다.

하버드 대를 졸업한 사람들 중 남을 배려하고, 친절하며, 옳고 그름을 잘 판단하는 이들이 사회적으로 더 성공했다는 연구 결과가 이를 뒷받침합니다. 물건을 소중히 다루고 언행이 바른 아이가 학교생활도 잘하고 사회에 나가서도 성공의 주역이 되는 것입니다.

다쯔미 나기사는 "아이가 집 안에서 잘못을 저질러 따끔하게 주의를 주고 싶을 때에는 아이를 '~ 씨'라고 부르며 대화해 보라"며 "그러면 아이도 '너와 진지하게 이야기 나누고 싶다'는 부모의 의도를 알고 경청하게 된다"고 조언합니다.

저는 일찍부터 이 비밀을 깨달아 그대로 적용했습니다. 우선 아내에게 존댓말을 써야 합니다. 아빠가 엄마를 존중하는 것을 보며 자란 아이들은 가르치지 않아도 사회성이 강하게 생깁니다. 그리고 아이들에게도 항상 '~ 씨'자를 붙이든지, '~ 박사님', '~ 교수님', '~ 선생님' 하고 아이 미래의 꿈을 호칭으로 붙여 부르면 아이들의 태도는 그에 걸맞게 반응을 합니다. 사람은 자기가 대접받은 대로 남에게 대접하려는 특징이 있습니다. 어릴 때부터 존중받고 배려받는 분위기에서 자란 아이들은 남을 배려하고 존중하는 것이 매우 자연스럽습니다. 하지만 배려받거나 존중받지 못하고 무시당한 경험만 쌓이면 나이가 들어도 그 속에서 가난한 영혼이 자라게 됩니다.

기초적인 도덕 지능도 어릴 때부터 가정에서 길러져야 합니다. 다른 것도 마찬가지지만 특히 도덕 지능은 오랫동안의 학습과 훈련을 요구하니까요. 더군다나 도덕과 성공의 함수를 생각하면 부모님들이 IQ보다 MQ를 높여야 할 이유가 더욱 분명해집니다. MQ란 'Moral Quotient'로 도덕 지수(도덕 지능)를 말합니다.

더그 레닉과 프레드 킬의 공저 《도덕지능》은, 세계적으로 뛰어난 리더 78명의 면면을 조사한 결과 그들의 성공에는 MQ가 가장 중요한 역할을 했으며, 그 도덕 지능의 네 가지 원칙은 다름 아닌 '성실, 책임, 동정, 용서'였다고 전합니다. 미국 하버드 대 로버트 콜스 교수의 주장도 이와 같습니다. 선하고 남을 배려할 줄 아는 사람이 성공한다는 것이지요.

그렇다면 이처럼 중요한 도덕 지능을 어떻게 어릴 때부터 길러 줄 수 있을까요?

MQ는 단순히 부모의 말을 잘 듣고 순응하는 것을 높이 평가하지 않습니다. 콜스 교수는 도덕적인 규칙들을 암기하거나 교실에서의 추상적인 토론, 가정의 순응 교육에 의해 MQ가 길러지는 것은 아니라고 말합니다. 무엇보다 먼저 가정에서 존중받고 형제들과도 서로 배려하는 것을 잘 배운 아이들이 MQ를 기를 수 있다고 주장합니다.

우리나라에서도 도덕 지능은 전통적으로 가장 중시되는 학습 덕목이었습니다. 조선 시대 양반가의 부모들은 아이가 《천자문》을 떼자마자 바로 《계몽편》을 읽혀 그 안의 '구용'을 익히도록 했습니다. '구용'이란 몸과 마음을 바르게 가지기 위한 아홉 가지 기본 자세를 말합니다. '발은 무겁게 하라', '손은 공손하게 하라', '눈은 단정하게 하라', '입은 함부로 놀리지 말라', '말을 할 때는 차분하고 조용하게 하라', '숨소리를 고르게 하라', '머리를 곧게 세워라', '서 있는 모습은 반드시 덕이 있게 하라', '얼굴빛을 밝고 씩씩하게 하라'가 바로 그것입니다. 조선 시대를 대표하는 선비인 이덕무는 '구용'이 삶의 우환을 막아 주는 성벽과도 같다고 했습니다.

또 세계적으로 성공한 사람들과 명문가들의 자녀 교육을 살펴보면 한 가지 공통점이 있습니다. 모두 자신만의 확고한 '도덕 원칙'을 가졌다는 것입니다. 어떤 상황에서도 결코 흔들리지 않은 원칙 말입니다. 또한 그들 곁에는 굳건한 도덕적 신념과 가치관, 바른 생활 태도를 길러 준 부모나 부모를 대신하는 멘토가 있었습니다.

'도덕 지능'은
인생 최고의 경쟁력이다

서울대 문용린 교수가 잔뜩 교육열만 올리는 부모들에게 일침을 가하는 글을 썼습니다. 도덕성이 떨어지는 아이는 10년 뒤 성공할 수 없다는 것이 글의 요지입니다. 문 교수는 과거 명문가에서 도덕 교육을 중시한 것은 자녀를 존경받는 지도자로 양성하기 위해서였다고 말합니다. 도덕성을 갖춘 아이는 아랫사람에게 명령을 내리기보다는 다른 사람의 성공을 위해 노력함으로써 성공을 이루는 서번트 리더가 될 수 있다는 것입니다.

"강남 아이들이 10년 뒤 과연 성공할 수 있을까요? 높은 서울대 진학률과 타 학군에 비해 월등한 학업 능력을 자랑하는 아이들이지만, 과연 그 아이들이 10년 뒤 사회에 나가면 성공할 수 있을까요?"

문용린 교수는 이렇게 말하면서 고개를 젓습니다. 이유는 단 하나, 성적을 비롯한 모든 것이 월등하다 해도 도덕 지능이 부족하면 10년 염불 도로아미타불이기 때문입니다. 비상한 머리와 뛰어난 능력으로 승승장구하던 사람이 하루아침에 낙마하거나 검찰청을 들락거리는 경우가 얼마나 많은가요. 거짓 학벌이 백일하에 드러나는 인터넷 시대, 남모르게 행한 것이 나도 모르게 찍히는 몰카 세상, 이제 도덕 지능은 성품으로서뿐만 아니라 세상을 살아가는 최고의 경쟁력이 되었습니다. 도덕 지능 없이는 더 이상 정상을 쳐다볼 수조차 없는 시대인 것입니다.

도덕 지능이 중요하다는 것은, 지난 60년간 하버드 대를 졸업한 사람들을 추적한 결과 학교 성적과 성공은 아무런 상관관계가 없는 것으로 나타난 사실을 보면 더욱 분명해집니다. 사회적으로 성공한 사람들의 면면을 살펴보니 유머가 풍부하고, 남을 배려하며, 친절하고, 옳고 그름을 잘 판단하는 등 도덕성이 높은 사람이었다는 것입니다.

MQ를 국내에 가장 먼저 소개하고 지금까지 도덕성 교육의 중요성을 강조하고 있는 문용린 교수는 이러한 MQ는 열 살 전에 길러 주어야 한다고 말합니다. 그런데 왜 열 살 전에 사람됨, 즉 도덕 교육을 완성하라는 것일까요?

'사람다운 사람'을 위한 교육은 빠르면 빠를수록 좋기 때문입니다. 석고 반죽으로 작품을 만들려면 말랑말랑할 때 해야 하듯이 사람도 마찬가지입니다. 인격의 바탕이 형성될 무렵에 사람됨을 가르쳐야 합니다. 이를 좀 더 과학적으로 설명하면 뇌의 전두엽이 열 살 이전에 활발하게 발달하기 때문입니다. 현재까지 밝혀진 것에 따르면, 사람다운 행동을 하게끔 만드는 도덕 능력은 뇌의 전두엽에서 담당한다고 합니다. 사회적으로 용납이 안 되는 행동을 서슴없이 저지르는 사람들의 전두엽이 공통적으로 손상되어 있다는 신경 생리학의 연구 결과가 이를 입증합니다. 과잉 행동 장애 증후군 역시 전두엽과 관계가 있다고 합니다.

그런데도 우리의 현실은 어떤가요? 아이의 도덕성 개발은 뒷전이면서 영어 단어는 하나라도 더 가르치려고 아우성입니다. 기본에 충실하기보다 눈앞의 성적을 올리는 기술 개발에 혈안이 되어 있습니다. 쉽고 편한 길만 가도록 어른들이 부추깁니다. 아이를 강하게 키워야 할 부모들이 거꾸로 점점 나약한 존재로 만들어 가고 있는 것이지요. 그러다 보니 점수는 좋은데 기초 학력은 떨어진다는 교수님들의 푸념이 들리고, 편법을 써서라도 합격과 성공만 하면 된다는 물신주의가 팽배해진 것입니다.

강하다는 것은 불법을 행하고, 무력을 행사하며, 남에게 지지 않으려고 수단과 방법을 가리지 않는 것이 아니라, 바르고 정직함으로 자신과 상대를 이기는 것을 말합니다. 바른 심성을 제때 심어 주지 않으면, 인생 항로를 결정할 가치관을 바로 세워 주지 못하면, 아이는 강해질 수 없습니다. 나약하고 불행해질 수밖에 없습니다.

공부만 잘하는 아이로 키울 것인지, 도덕적인 아이로 키울 것인지는 부모님께 달려 있습니다.

영어 단어보다 백배 중요한
선악의 판단 기준

저는 아이들이 경건하고 사랑이 많은 착한 사람으로 자라도록 노력했습니다. 미래의 시대는 품성이 개인의 성공을 판가름할 것이라고 보았기 때문입니다.

가장 강조한 것이 다른 사람이 보지 않을 때에도 정직하라는 것이었습니다. 혹시 길을 가다 땅에 돈이 떨어져 있어도 줍지 말라고 했습니다. 그러면서 이런 이야기를 기회가 있을 때마다 들려주었습니다.

"한 소년이 길을 가다가 우연히 동전을 주웠단다. 소년은 가슴이 떨리며 자랑스러운 기분이 들었지. '이건 내 거야. 아무 고생도 하지 않고 나는 돈을 번 거야' 하고 말이야. 그날 이후로 소년은 어디를 가든지 머리를 숙이고 눈을 크게 뜬 채 바닥에 떨어져 있는 보물을 찾게 되었단다. 그래서 소년은 평생 동안 1페니짜리 동전 이백예순두 개, 5센트짜리 동전 마흔여덟 개, 10센트짜리 동전 열아홉 개, 25센트짜리 동전 열여섯 개, 50센트짜리 은화 두 개, 똘똘 뭉쳐진 1달러짜리 지폐 한 장 등 총 13달러 26센트를 주웠지. 그는 대신 숨 막히도록 아름다운 노을을, 눈부시게 영롱한 무지개, 울긋불긋 온 산을 물들인 단풍잎, 푸른 하늘에 흰 구름이 곱게 그려 내는 모습, 지나가는 수많은 행인의 아름다운 미소 등 삶을 빛낼 수 있는 소중한 기회를 모두 잃어버렸단다."

올바른 가정교육을 하고 싶다면 부모가 선악을 판단할 때 일관된 기준을 가져야 합니다. 부모는 자녀의 선글라스입니다. 그러므로 아이가 어떤 색의 안경을 썼느냐에 따라 미래가 결정됩니다. 엄마와 아빠의 의견이 일치해야 하고 맹종이 아닌 합리성을 추구해야 합니다. 아이를 부당하게 꾸짖는 일이 없어야 하며, 불가피하게 혼내거나 제지해야 할 때는 그 이유를 아이가 납득할 수 있도록 설명해 주어야 합니다. 잘못이나 실수를 꾸짖고 난 후 너그러이 용서해 주는 것도 반드시 해야 할 일입니다. 그래야만 자녀가 마음에 상처를 입지 않게 됩니다. 다른 사람과 의견이 엇갈릴 때 그의 의견을 인정하고 존중하는 포용력과 인내심도 길러 주어야 합니다. 어떤 순간에도 거짓말을 하지 않는 정직함의 중요성을 깨닫게 해 주고, 남의 결점이나 약점을 꼬집는 행위는 옳지 않음을 가르쳐야 합니다.

우리는 흔히 아이의 사회성을 높이려면 친구들과 놀게 해야 하고 어릴 적부터 유치원에 보내 친구들과 자연스럽게 어울리도록 해야 한다고 말하지만 꼭 그렇지만은 않습니다. 저는 아이를 키우면서, 아이들끼리 놀다 보면 반드시 나쁜 것을 한 가지씩 배워 오게 된다는 것을 알았습니다. 그때마다 아이에게 무엇이 나쁘고, 왜 나쁜지를 따끔하게 일러 주었습니다. 그래도 달라지지 않을 때는 매를 들기도 했습니다.

아이들은 생후 12개월만 지나도 도덕에 대해 어느 정도 인지한다고 합니다. 자기가 한 일이 칭찬받을 일인지 비난받을 일인지 어렴풋이 안다는 것이지요. 그래서 나쁜 짓을 하고 난 후에는 은연중 부모의 반응을 살핍니다. 이때 부모가 그냥 넘어가거나 도리어 아이 편을 들어 주면 아이는 유아독존식의 고집불통이 되거나 비뚤어진 길을 가게 됩니다. 아이가 선악에 대한 판단이 생길 때까지 부모가 선악의 가늠자 역할에 충실해야 합니다. 또 선행을 장려하는 동서고금의 이야기를 들려주거나 책을 읽어 주는 것만큼 좋은 방법도 없습니다. 카를 비테 목사는 아들에게 《성경》 이야기를 자주 들려주었고, 비테가 좀 성장한 후에는 '행위록' 이라는 것을 만들어 착한 일을 기록하여 오래 기억하고 기념하게 했답니다. 아버지의 노력에 부응하여 어린 비테는 자기 일생을 훌륭한 것으로 만들기 위해 열심히 노력했고 선행 그 자체를 즐기게 되었습니다. 그의 방침을 한마디로 표현한 글이 있습니다.

'공부는 우리에게 이 세상에서의 행복을 가져다준다. 반면 선행은 우리를 지켜보시는 하나님을 기쁘게 한다.'

방법 7 비폭력적으로 대화하라

천사를 깨우는 언어, 악마를 부르는 언어

아이를 키우다 보면 아이가 화를 내거나 짜증을 내는 일이 참으로 많습니다. 그럴 때 여러분은 어떻게 하시나요?

《아이의 미래를 바꾸는 엄마의 습관》을 쓴 황지현 씨는 "자주 화를 내거나 짜증을 부리는 아이들의 경우에는 스스로 감정을 조절할 수 있도록 도와줘야 한다"며 "먼저 아이가 왜 화가 났는지 이해해 주고 분노를 이겨 낼 수 있는 여러 가지 방법을 개발하라"고 조언합니다. 아이가 화를 낼 때는 우선 아이에게 어떤 감정을 느끼는지 그려 보거나 말로 설명해 보라고 부탁하는 게 좋습니다. 아이들은 자기의 감정을 의식하지 못할 때가 많으므로 간단히 '예', '아니요'로 대답할 수 있는 질문으로 시작합니다. "속이 많이 상했구나, 그렇지?", "원하는 것을 얻지 못하면 서 있지 못할 정도로 화가 나니?" 등의 질문을 던집니다. 이렇게 하면 아이들도 자신이 존중받고 있으며 누군가 자기를 이해하고 있다는 사실에 위안을 얻습니다. 그리고 나서 분노를 풀기 위한 몇 가지 방법을 함께 모색하는 것입니다.

화를 가라앉히게 하는 '타임아웃', 화가 나면 상자에 올라서서 고함을 지르고 뛰어내리는 '화내는 상자', 권투 선수들의 샌드백 같은 '화를 담는 자루' 등을 이용하면 큰 도움이 됩니다. '타임아웃'이란 농구 등 스포츠에서 경기가 제대로 풀리지 않거나 상대가 유리한 상황에 처해 있을 때 코치가 중간에 시간을 요청하는 것입니다. 그래서 불리하게 전개되는 맥을 끊고 작전을 재조정하여 경기의 리듬을 바꾸는 것이지요. 간파된 상대 팀의 약점을 이용하여 판세를 뒤집을 수도 있습니다.

이와 마찬가지로, 우리도 아이들의 격렬한 행동으로 화가 날 때는 타임아웃을 외쳐 보는 것이 좋습니다. 그리고 아이들 스스로도 가끔씩 타임아웃을 외치도록 가르쳐 주어야 합니다. 우리는 생활과 사업의 사이클 내에서 실패와 상실의 리듬을 깨야 할 때가 있습니다. 잠시 기분을 전환시킨 후 이런 이야기를 들려주면 좋을 것입니다.

"마음이 이끄는 대로 사는 사람이 되는 것은 무엇이 네 마음속 주인이 되느냐와 상관이 있단다. 한 인디언 노인이 자기 손자에게 인간의 내면에서 일어나고 있는 큰 싸움에 대해 이야기했어. '얘야, 우리 모두의 마음속에서는 싸움이 일어나고 있는데, 두 늑대의 싸움이란다. 한 마리는 악한 늑대인데, 그놈이 가진 것은 분노, 시기, 슬픔, 후회, 탐욕, 오만, 자기 연민, 죄의식, 원한, 열등감, 거짓, 허영, 우월감, 이기심이란다. 다른 한 마리는 선한 늑대인데, 그가 가진 것은 기쁨, 평화, 사랑, 희망, 인내, 겸손,

친절, 자비, 이해, 아량, 진실, 동정, 믿음이란다'라고 말하자 손자가 할아버지에게 물었어. '어떤 늑대가 이기나요?' 현명한 인디언 노인은 간단하게 대답했단다. '네가 먹이를 주는 놈이 이기지'라고 말이야."

여러분, 우리는 자녀들에게 지금 어떤 먹이를 주고 있나요? "이 바보 멍청이, 생각하는 게 고작 그 모양이니?", "너 때문에 창피해 죽겠어", "네 일이나 잘해", "실망이야", "넌 평생 원수야!" 이런 먹이들을 주면 아이들 마음속에 있는 악한 늑대가 살아납니다. 그러나 "잘했다", "지금은 때가 아닌 것 같구나. 그렇지만 넌 할 수 있어", "난 널 믿어", "난 너의 이런 점이 좋아", "넌 우리 집의 보배야!", "네가 곁에 있어서 엄마는 든든해" 등의 먹이를 주면 결국 아이 안에 있는 선한 늑대가 승리합니다. 자녀들에게는 부정적인 말보다는 희망적인 말을 해야 합니다. 악한 말이나 좋지 않은 언어는 아예 입에 올리지 않는 것이 좋습니다. 교훈적인 의도로 악한 말을 떠올린다 할지라도 바로 그 순간 자녀의 마음은 오염되고 맙니다.

참을성이 없고 자기밖에 모르는 아이에게는 '경청하는 자세'를 가르치는 것이 아주 좋습니다. 《나를 찾아 떠나는 여행, 성품》의 저자 이영숙 씨는 "다른 사람을 배려할 줄 아는 아이로 키우려면 경청하는 법을 먼저 가르치라"고 강조합니다. 경청은 상대방의 말을 집중해서 듣는 것으로, 그 사람이 얼마나 소중한지 인정해 주는 행동입니다. 물론 쉽지 않은 일이지요. 어른들에게도 마찬가지입니다. 듣는 것이 뭐 그리 어려운 일이냐고 하지만 경험해 보신 분은 다 압니다. 어른들도 하기 어려운 것을 아이에게 어떻게 가르치냐고요? 부모님이 모범을 보여 주시면 됩니다. 아이는 부모를 모방하며 크는 존재니까요.

사람은 어릴 때 들은 말 그대로 된다

사람의 본성 안에는 천사와 악마가 동시에 존재합니다. 기독교의 입장은 인간은 날 때부터 악하다고 보는 성악설 쪽에 가깝습니다. 하지만 부모가 어떻게 양육하느냐에 따라 아이들은 다른 성품으로 재탄생합니다. 천사의 언어로 양육하면 천사가 될 것이고, 악마의 언어로 양육하면 악마가 될 것입니다. 누구나 확인할 수 있는 사실이지만, 자라면서 주로 들은 언어가 무엇이었는지에 따라 성인이 되어 사용하는 언어가 달라지고 인생이 달라집니다. 박경리의 소설 《토지》에도 '부모 말이 문서'라는 말이 자주 나오지요. 아이는 부모가 말한 대로 된다는 말입니다.

생각해 보세요. 어떤 아이가 자라는 동안 늘 들은 말이 "이 바보 멍청이, 생각하는 게 고작 그 모양이니?"이거나 "너 때문에 창피해 죽겠어"였다면 어떻게 될까요? 아마도 십중팔구 '난 바보 멍청이야, 그러니 이 정도밖에 못하지', '그래 난 언제나 그랬어. 또 실수하는 것은 너무나 당연해' 하면서 자기도 모르는 사이에 어릴 때 들은 말대로 될 것입니다. 저 역시 어렸을 적에 "난 너 때문에 실망했어", "남편 복이 없으면 자식 복도 없대. 그러니 넌 평생 원수가 될 거야!" 같은 말들을 자주 들었습니다. 책을 읽어 주시는 자상한 어머니였지만 부아가 치밀면 이런 말들을 곧잘 입에 담으셨습니다. 제가 정신을 차리고 똑바로 살려고 노력하지 않았다면 마음이 오염되어 제 인생도 실패와 후회의 연속이었을 것입니다.

항상 아이들에게 "잘했다. 네가 해낼 줄 알았어!", "그렇지만 난 널 믿는다"고 말해 주는 부모가 있다면 어떻게 아이가 엇나갈 수 있겠습니까.

"넌 우리 집 보배야!", "네가 곁에 있어서 엄마는 든든해" 이런 말들을 해 주어 아이 안에 있는 천사의 성품이 살아나도록 해 주세요. 부정적인 말은 절대 입에 담지 마세요. 긍정적이고 희망적인 말로 아이의 마음을 환하게 비추어 주세요.

언젠가 저희 막내가 실수로 도자기를 깬 적이 있습니다. 오랫동안 제가 아끼던 것이었습니다. 하지만 그 순간에도 저는 눈 하나 깜짝하지 않고 "어디 다친 데는 없니? 그깟 도자기 열 개 가져와도 우리 아들하고 안 바꾼다. 다 부서져도 괜찮다" 하고 말했습니다. 저한테 혼날까 봐 잔뜩 주눅이 들어 있던 아이의 얼굴이 안도와 감사의 표정으로 환하게 바뀌던 것을 지금도 잊을 수가 없습니다. 그렇게 말해 주는 아빠가 아이는 얼마나 고맙고 감사할까요? 그렇게 했을 때 아이의 마음속에는 '아, 내가 진정 우리 집에서 소중하고 귀한 존재구나!' 하고 느끼지 않을까요?

장담하건대, 누군가 가출하라고 제 아이들을 부추긴다면 아이들은 속으로 이렇게 생각할 것입니다.

'아, 세상에 우리 집보다 더 좋은 곳이 어디 있다고 우리더러 가출을 하래? 혹시 저 사람 돈 것 아냐?'

자기 집이 천국 같으니 아무리 즐거운 곳에서 오라 해도 집으로 갈 수밖에 없습니다. 천국 같은 집은 어떻게 만들까요? 그렇습니다. 부모의 언어가 집을 천국으로 만들기도 하고, 지옥으로 만들기도 합니다.

조화로운 삶의 씨앗, 비폭력 대화

마셜 로젠버그는 《비폭력 대화》라는 책에서 사람들의 대화가 대부분 폭력적이라고 지적합니다. 드러나 보이지는 않지만 교묘하게 사람을 비판하고 공격한다는 것이지요. 이것이 관계를 왜곡하고 결국 파멸로 몰고 갑니다. 그러면서 그는 조화를 이루는 비폭력적인 대화 방법을 다음과 같이 제시합니다.

'첫째, 있는 그대로 표현하라.'
'둘째, 자기 느낌을 표현하라.'
'셋째, 자기 욕구를 표현하라.'
'넷째, 제대로 부탁하라.'

마셜 로젠버그가 말하는 '비폭력 대화'의 요점은 똑같은 말이라도 자신의 가치 판단을 배제하고 있는 그대로의 느낌과 욕구를 구체적으로 표현하라는 것입니다. 그리고 분노의 책임을 상대방에게 돌리지 말라는 것입니다. "당신이 늦게 와서 정말 짜증이 나요!"라고 말하지 않고 "당신과 저녁 시간을 함께 보내고 싶었는데 실망스럽군요"라고 말하는 것입니다. "너는 왜 책을 안 읽니?"라고 하기보다 "나는 너도 이 책을 읽었으면 하는 바람이 있어. 그럴래?"라고 말하는 것이 비폭력 대화법입니다.

캐서린 한 한국NVC센터 대표 겸 비폭력대화센터(CNVC) 본부 이사는 이렇게 충고합니다. "예를 들어 아이가 수학을 98점 받았다고 했는데, 이틀 뒤 엄마가 시험지를 받아 보니 78점이었다고 합시다. 부모의 반응은 '너 왜 거짓말했어?'이거나 '어떤 인간이 되려고 그러는지 모르겠다', '너 때문에 엄마가 속상해 죽겠다' 등이 대부분입니다. 이렇게 시작하면 아이들은 겁을 먼저 냅니다. 이 상황에서 엄마는 먼저 자기 마음을 들여다봐야 합니다. 그래야 비폭력 대화를 할 수 있습니다. 처음에 상황을 접하면(관찰), 화가 나고 혼내 주고 싶은 마음만 들지만(느낌), 아이가 정직한 사람으로 자라는 것이 중요하다고 생각해(욕구), 어떤 말이라도 정직하게 할 수 있는 관계가 되었으면 좋겠다는 얘기를 하는(부탁) 방식입니다. 이때 가장 중요한 것은 엄마가 마음을 정리할 수 있어야 한다는 점입니다. 자기 공감이 없다면 힘든 일입니다. 이 '자기 공감 프로세스'는 어느 정도 연습을 하면 실천할 수 있습니다. 비난이나 추궁, 강요와 명령을 많이 듣고 자란 아이들은 이 경우 대개 침묵을 하거나 변명을 하려 들지도 모릅니다. 아니면 화가 나서 속으로 짜증을 내고 있을 수도 있습니다. 그렇기 때문에 엄마가 마음을 정리한 후 자기 말을 하기 전에 아이의 얘기를 들어 주는 게 도움이 됩니다."

실제 비폭력 대화의 예는 이렇습니다.

엄마 : 점수가 이렇게 나왔을 때 실망스러웠니? 걱정됐어?(아이의 느낌을 알아주기)

아이 : 응. 엄마는 점수가 잘 안 나오면 항상 나를 야단치고 벌주잖아.

엄마 : 음, 그러니까 너는 벌을 받지 않고 좀 편하고 싶었어?(아이의 행동 뒤에 있는 욕구 알아주기)

아이 : 응.

엄마 : 그런데 엄마는 우리가 무슨 말을 하든 서로 믿을 수 있는 게 중요하다고 생각해. 그리고 네가 힘든 일이 있을 때 엄마한테 말을 할 수 있으면 좋겠어. 어떻게 생각해?

아이 : 그런데 엄마는 항상 혼내려고만 하잖아.

엄마 : 그래서 엄마하고 말하는 게 재미없었구나. 너도 얼마나 힘든지 엄마가 좀 알아주었으면 좋겠어?(아이의 느낌과 욕구 알아주기)

아이 : 응.

서로의 느낌과 욕구를 이해함으로써 공감대가 형성되어야 다른 문제도 의논할 수 있습니다. 여기서 중요한 것은 어느 한쪽의 느낌이나 욕구를 더 중요시하는 게 아니라, 양쪽의 욕구를 동등하게 존중하면서 둘 다 충족할 수 있는 방법을 찾을 때까지 이야기를 하는 것입니다. 그렇게 나온 해결 방안은 서로 즐거운 마음으로 하기 때문에 지켜질 확률이 높습니다. 더욱 중요한 것은 그 과정에 아이를 적극적으로 참여시켜 문제 해결 능력을 길러 주는 일입니다.

곰곰이 생각해 보십시오.

'나는 사랑하는 사람의 느낌에 얼마나 공감하려고 노력했는가? 성급히 대안을 제시하거나 결론으로 점프해 버리지는 않았는가? 상대방의 의사를 제대로 이해하지도 못하면서 나 자신을 방어하기 위해 칼과 방패를 집어 들고 전투 태세에 돌입하지는 않았는가? 내 마음속에 있는 진실하고 긍정적인 욕구에 귀 기울이지 못하고 의무와 강요에 사로잡혀 휘둘리지는 않았는가?'

방법 8   백 마디 말보다 하나의 행동을

혹시 자녀를 감시하고 있나요?

'엄마는 잔소리꾼, 아빠는 돈 버는 기계, 아이는 공부하는 로봇.'

한지붕 아래에서 살고 있는 세 사람의 모습. 어쩌면 이것이 오늘날 가족의 모습을 단적으로 보여 주는 것인지도 모릅니다.

자랑 같지만 저희 가정은 다릅니다. 저희 부부는 엄하게 가르치는 것은 아버지의 자비이며, 자녀가 아버지의 엄격함을 오해하지 않도록 깨우쳐 주는 것이 어머니의 자비라고 여겨 그렇게 실천해 왔습니다. 자칫 엄하게만 대하면 부모와 자식 간에 신뢰가 깨어질 수 있는데, 그 신뢰를 이어 주는 다리 역할을 엄마인 제 아내가 담당해 주었던 것입니다.

그런데 보통의 가정에서는 이 역할이 정반대인 경우가 흔합니다. 아무래도 아이들과 같이 있는 시간이 많은 쪽이 엄마이다 보니 엄마가 악역을 담당하는 경우가 훨씬 많습니다. 아빠는 가끔 보는 아이들이 그저 예쁘기만 합니다. 현실적으로 불가피한 측면이 있지만 이를 그대로 인정해서는 곤란합니다. 자녀 교육에서 아빠와 엄마의 고유한 역할은 엄연히 존재하는 것이니까요. 힘들지만 아빠가 그만큼 많은 노력을 해야 합니다.

하루 종일 집에서 아이들을 돌보는 엄마는 사실 너무나 지치고 힘이 듭니다. 어떤 때는 왜 사나 싶을 정도로 우울하고 슬퍼집니다. 아빠들이 이런 아내를 세심하게 돌보고 배려해 주어야 하지만, 아이가 하나 둘 늘어나기 시작할 즈음엔 대부분 아빠들의 사회 활동도 많아지기 시작하는지라 귀가 시간은 점점 더 늦어지기만 합니다. 그러면 엄마들은 예민해져서 아이들에 대한 사랑과 관심이 줄어들고 자칫 될 대로 되라는 식으로 흘러가기 쉽습니다. 하지만 아이는 금방 자랍니다. 아빠가 일을 하고 돈을 버는 목적이 가정의 평화와 아이의 장래를 위한 것이라면, 아내의 고충을 십분 이해하고 아빠로서의 역할에 최선을 다해야 합니다. 녹초가 된 엄마가 에너지를 축적할 수 있게 배려하고, 그러는 동안 아이에게 책도 읽어 주고 함께 놀아 주고 밖으로 나가 대자연의 가르침도 전해 주세요.

실천 없는 훈계는 반감만 키운다

아빠는 또 자식이 아무리 예뻐도 필요할 때는 엄하게 해야 합니다. 아이가 자라는 데는 무한한 사랑과 함께 훈계가 필수적입니다. 훈계가 없으면 아이들이 부모의 사랑만 믿고 버릇이 나빠질 수 있기 때문입니다. 문제는 어떻게 할 것인가입니다. 훈계가 아이에게 반감을 불러일으킨다면 안 하느니만 못합니다. 저는 함께 '누워서' 해 볼 것을 권합니다. 자녀들과 누워서 이야기하면 분노가 일지 않습니다. 우선 누우면 서로 편합니다. 의자에 앉거나 서서 하면 자세가 불편하고 일방적으로 비쳐져 듣기에도 부담이 되며 전달이 더욱 어려워집니다. 심각한 이야기를 해야 할 때면 베개를 두 개 준비해 누워 보세요. 겨울이라면 이불을 덮고 해도 좋을 것입니다. 이런 경우 일방적인 이야기도 그렇지 않게 들리고, 심각한 이야기를 해도 감정이 쉽게 일어나지 않습니다. 또 내용을 빠르게 전달하고 인식시킬 수 있습니다. 즉 신뢰를 잃지 않으면서도 충분한 교감 속에서 자녀를 훈계할 수 있는 것입니다.

또한 훈계는 부모의 행동이 반드시 뒤따라야 합니다. 말은 머리와 가슴을 울릴 수 있지만 발과 손까지 미치기에는 부족합니다. 이정숙 SGM 대표는 우리나라 부모들의 가장 큰 문제는 자식에게 훈계는 하면서 정작 자신은 그렇게 하지 않는 것이라고 일침을 가합니다. 자녀에게 공부하라고 강요하면서 자신은 절대 공부하지 않는다는 것입니다.

"상담을 하다 보면 아이들도 부모를 끊임없이 테스트한다는 걸 알 수 있어요. 예를 들어 부모님에게 어떤 책을 읽어 보라고 아이들이 권했을 때, 부모 대부분 그 책 위에 먼지가 뽀얗게 쌓일 정도로 읽지 않는다는 거예요. 그런 부모가 책을 읽으라고 말하면 아이들은 받아들이지 않습니다. 사실은 부모가 더 공부하고 더 많은 책을 읽어야 하는데, 전혀 그렇지 않다는 게 가장 큰 문제입니다."

자녀의 벤치마킹 대상 첫 번째는 부모입니다. 자녀는 부모의 모든 것을 모방하면서 자라납니다. 그런데 신뢰가 깨어진다고 생각해 보세요. 그런 부모의 말을 누가 듣겠습니까.

"자식이 텔레비전을 보는 대신 공부를 하길 원한다면, 자식에게는 '공부 안 할래?'라고 말하고 자신은 텔레비전을 볼 것이 아니라, 책 읽는 모습을 보여 주어야 합니다. 자식이 집 안 정리를 잘하게 하려면 부모가 집안을 정리하는 모습을 보여 주어야 하지요."

이정숙 SGM 대표는 두 아들을 키우면서 잔소리를 자제하고 대신 직접 행동으로 보여 주었다고 합니다. 그녀는 아이들이 한창 개구쟁이였을 때 강원도 원주의 한 언덕에 있는 2층집에 세 들어 산 적이 있습니다. 높은 축대 위에 담장까지 둘러져 있었는데, 호기심 많던 두 아들이 그 담장 위에 올라가 놀곤 했습니다. 서너 살배기 남자 애들이 담장을 타고 노는 것은 보기에도 아슬아슬했습니다. 게다가 그녀는 직장을 다니느라 일일이 감시도 할 수 없는 상황이었습니다. 어느 일요일, 그녀는 달걀 한 꾸러미를 들고 담장 위로 올라갔습니다. 그리고 달걀 하나를 떨어뜨렸습니다. 박살이 난 달걀을 보며 그녀가 물었습니다.

"사람 머리가 약간 단단한 달걀이거든. 그래서 사람도 여기서 떨어지면 머리가 저렇게 깨져. 머리가 깨지면 어떻게 되지?"

아이들은 "죽어요!"라고 대답했습니다. 이후 두 아들은 담장 위에 두 번 다시 올라가지 않았다고 합니다.

자녀와의 관계를 가로막는
부모의 감시

두 아들이 훌륭하게 자라 일류대에 입학하자, 주위에서 그녀가 아이들 학업에 어떤 영향을 주었는지 자주 물어 온다고 합니다.

"최근 미국이나 유럽에서는 명문 학교일수록 말 잘하고 글 잘 쓰는 학생을 뽑으려는 것이 추세예요. 우리나라 대학도 점점 이런 것들을 중시하고 있잖아요. 우리 아이들은 중학교 때 미국에 온 이후 공부 때문에 저와 실랑이를 벌인 적이 한 번도 없어요. 단지 아이들과 대화를 잘하는 것만으로 아이들을 미국 명문대 우등생으로 키웠습니다."

신뢰를 통한 커뮤니케이션의 중요성이 세계적으로 부각되고 있습니다. 그리고 그 시작은 학교가 아닌 가정에서 이루어져야 한다는 걸 알아야 합니다.

"특히 우리나라 부모들이 자식과 대화하기가 어려운 가장 큰 원인은 자식들이 부모가 자신을 감시한다고 느끼기 때문이지요. 부모가 감시자로 비쳐지면 자식들은 부모에게 진심을 보이지 않게 됩니다. 때문에 툭하면 자식들에게 '너 지금 뭐 해?', '공부 안 하고 왜 딴 짓 해!' 등 강압적인 느낌을 주는 말은 삼가는 게 좋습니다."

아이들에게 생각할 기회를 주어야 합니다. 싫은지, 좋은지 생각해 볼 겨를조차 없이 밀어붙인다면 이 역시 폭력입니다. 설사 지력이 뛰어나 다른 아이들보다 성장 속도가 빠르다 해도 인성은 그렇지 않습니다. 인성과 감정의 나이는 제 나이대로 따라가는 법입니다. 그러므로 남들보다 조금 뛰어난 아이로 판명이 나더라도 아이의 마음에 상처를 입히지 않도록 배려하는 대화와 솔선하는 행동으로 믿음과 신뢰를 쌓아야 합니다.

저희 집 아이들은 대체로 인성도 바르고 공부도 잘합니다. 아이들 엄마의 표현을 빌리자면 "어떻게 내 배 속에서 이런 아이들이 나왔을까?" 싶을 정도로 아이들 때문에 속을 끓인 적이 별로 없습니다. 넉넉지 않은 살림 탓에 피아노 학원도 다니다 말다 했고 학원도 못 보내는 달이 더 많았는데, 어떻게 저 스스로도 대견한 아이들로 키울 수 있었을까요? 저는 그 이유가, 이 세상 누구보다 아이들을 믿고 사랑한다는 느낌을 그대로 표현하고 가족 모임 등을 통해 자유롭게 대화한 점, 그리고 아이들에게 기대하는 행동을 저희 부부가 먼저 보여 주려 노력한 것이라고 생각합니다.

'백 마디 말보다 하나의 행동이 낫다'는 것은 아이를 강하게 키우려는 부모들에게도 금과옥조처럼 다가옵니다.

비결 1 '좌뇌 교육' 보다 '우뇌 교육'을 – 카를 비테 목사
비결 2 100억 재산보다 값진 정신적 유산을 – 빌 게이츠 아버지
비결 3 단순한 칭찬보다 속마음을 헤아려라 – 세키네 마사키 선생
비결 4 '뛰어나게'가 아니라 '다르게' – 스티븐 스필버그 어머니
비결 5 현실을 직시하는 법을 가르쳐라 – 로버트 기요사키의 두 아버지
비결 6 맹수가 새끼를 기르듯 – 테드 터너의 아버지
비결 7 돈에 대한 철학과 기술을 – 록펠러 2세와 워런 버핏
비결 8 장사꾼 마인드가 필요해 – 아시아 최고 재벌 리카싱

04

아이를 강자로 키운 위대한 부모들의 비결
"나는 이렇게 키웠다"

마땅히 행할 길을 아이에게 가르치라. 그리하면 늙어도 그것을 떠나지 아니하니라.

- 〈성경〉 〈잠언〉 22장 6절

비결 1   '좌뇌 교육'보다 '우뇌 교육'을 - 카를 비테 목사

네가 직접 보고 느껴라

아이의 성장에 있어 유전적 요인이 우선할까요, 아니면 환경적 요인이 우선할까요? 이에 관한 재미있고도 놀라운 이야기가 있습니다.

1940년 출생으로 태어난 지 4주 만에 헤어졌다가 40년 뒤에 만난 일란성 쌍둥이 짐 루이스와 짐 스프링어는 너무나 충격적일 만큼 비슷한 삶을 살아왔습니다. 둘 다 세일럼 담배를 피우는 골초에다 파란 셰브롤레 자동차를 몰았습니다. 집 앞에 커다란 나무 한 그루와 하얀 벤치가 있는 것도 같았고, 둘 다 첫 아내 이름은 린다, 두 번째 아내 이름은 베티였습니다. 맥도날드와 주유소에서 일한 것과 편두통 및 심장병으로 고생한 것도 비슷했습니다.

1980년대, 쌍둥이에 대한 본격 연구를 진행한 미네소타 대는 일란성 쌍둥이는 따로 키워도 성격과 취향이 놀랍도록 비슷하다는 사실을 알아

냈습니다. 유전의 힘을 쌍둥이들이 증명한 것입니다. 학자들은 쌍둥이들을 통해 유전과 환경이 성격에 어떤 영향을 끼치는지도 연구했습니다. 연구 결과, 리더십은 유전적 영향을 크게 받는 것으로 나타났습니다. 권위와 규칙을 존중하는 보수성이나 안전한 쪽을 선호하는 소극적 태도 역시 타고나는 경향이 강했습니다. 반면에 사회성과 성취력은 후천적인 것으로 나타났습니다.

'인간은 태어나는가, 양육되는가'라는 화두는 오랜 논쟁거리 가운데 하나였습니다. 하지만 요즘은 유전과 환경의 상호 작용으로 보는 학자가 많습니다. 유전적으로 어떤 병에 특히 약한 사람이 있을 수 있지만, 병에 걸릴 가능성은 어떤 환경에 사느냐에 따라 달라질 수 있는 것처럼 말입니다.

조선일보 강인선 위원은 이렇게 말합니다.

"타고난 것을 조금도 바꿀 수 없다면 노력을 할 필요도 없을 것입니다. 반대로 후천적 노력으로 모든 것을 바꿀 수 있다면 과욕을 부리게 될 것입니다."

그렇습니다. 유전과 환경이 똑같이 중요하다는 것은 희망을 잃지 말고 노력하며 살라는 의미입니다. 이 말은 아이가 아무리 뛰어난 유전적 특성을 갖고 태어나더라도 부모가 개발해 주지 않고 방치하면 사장되고 만다는 것을 뜻하기도 합니다. 우리는 아이들에게 지식과 사회성, 그리고 감성과 능력의 기초가 되는 언어와 관찰 학습 능력부터 키워 주어야 합니다. 그렇게 해야 아이 스스로 자신이 좋아하는 것을 찾아내고 그 특성을 키워 갈 테니까요.

흥미 유발로 시작하는
카를 비테의 '우뇌 교육'

유전적 특성과 후천적 환경이 서로 조화롭게 작용하도록 만든 모범적인 아버지상을 소개합니다. 앞에서도 몇 번 인용한 카를 비테 목사입니다. 그는 전형적인 학자요, 경건한 구도자였습니다. 모름지기 훌륭한 유전적 특성을 자녀에게 물려주었을 것입니다. 또한 그는 자녀의 능력 개발을 위해 온갖 정성을 쏟았습니다. 아들 비테에게 생활 주변에서 만나는 사물들의 이름과 정확한 발음을 반복하여 들려주면서 풍부한 어휘를 생생하게 가르치는 일을 훌륭히 해냈습니다. 또 사투리나 '응가', '멍멍이' 같은 유아어를 일절 가르치지 않았습니다. 그가 정확한 발음과 말을 강조한 것은 머리를 명석하게 하는 데 이보다 더 중요한 것이 없다는 평소 그의 지론 때문이었습니다.

그는 오늘날 학교에서 자음과 모음을 따로 가르치는 방법과는 달리 글자가 인쇄된 큰 활자를 판에 붙여 놓고 '철자 놀이'를 통해 글자를 익히게 했습니다. 몬테소리 여사보다 100여 년이나 먼저 독창적인 교육을 실천했던 것입니다. 비테는 대여섯 살 무렵, 이미 3만 단어를 알게 되었다고 합니다.

카를 비테 목사는 비테가 여덟 살 되던 무렵부터 프랑스어를 가르치고, 그것을 익히자 이탈리아어는 6개월, 라틴어는 9개월, 영어는 3개월, 그리스어 또한 6개월 만에 익히게 하는 데 성공했습니다. 그리하여 여덟 살 때부터 비테는 호메로스, 플루타르코스, 베르길리우스, 키케로, 오시안, 페늘롱, 메타스타시오, 실러 등의 작품을 비롯한 독일, 프랑스, 이탈리아, 그리스, 로마의 여러 문호가 쓴 책들을 섭렵하게 되었습니다.

비테가 이렇듯 기대 이상의 발달을 보인 것은, 요즘 말로 하면 아버지가 그에게 우뇌 교육을 실시한 덕분입니다. 우뇌 교육의 핵심은 아이를 끌고 가서는 안 된다는 것입니다. 아버지는 비테가 세 살 반쯤일 때부터 독서 교육을 시작했는데, 아이가 먼저 흥미를 갖도록 유도한 다음 책의 내용을 재미있는 이야기로 들려줌으로써 비테의 마음을 자극하여 책에 대한 친밀도를 높여 주었습니다. 그런 다음 글자를 가르치기 시작했습니다. 외국어를 가르치는 방법도 무조건 외우기보다는 자연스레 익숙해지도록 같은 이야기를 다른 언어로, 예를 들어 《이솝 이야기》를 독일어로 읽게 하고 프랑스어, 이탈리아어로도 읽게 하는 식이었습니다. 흥미 유발로 시작하는 효과적인 학습법, 이것이 바로 우뇌 교육법입니다. 평생 공부해도 익히기 힘든 6개국 언어를 어린 나이에 습득하고, 그러면서도 어떤 소년보다 활동적이고 여유로운 생활을 누린 비테의 비밀이 여기에 있습니다.

'우뇌 교육법이 최고'라고 말할 수는 없겠지만, 세상과 나를 알고 흥미와 의문을 통한 사고 중심의 교육에 우뇌 교육은 필수적입니다. 주입식이 아닌 관계적 사고와 대화를 위해 카를 비테 목사는 아들과 운동이나 산책을 하며 사물을 함께 관찰하고 이야기를 나누었습니다. 돌멩이 하나, 풀 한 포기도 대화의 주제가 되었지요. 흔히 어른들은 아이가 무엇을 물어보면 대충 얼버무리거나 그것도 모르냐며 질책하기 일쑤지만, 그는 작은 질문 하나에도 최선을 다해 답해 주었고, 합리적으로 지식을 구하는 정신을 길러 주려고 아들을 어릴 때부터 어디든 데리고 다니면서 견문을 넓혀 주었던 것입니다. 아들이 그토록 원하는 장난감을 사 주지 않은 것도 관심을 주변 사물에 두게 하기 위해서였습니다. 아이들은 장난감을 사 주면 처음에는 열심히 가지고 노는 듯하지만 금방 싫증을 내며 그 불쾌한 감정을 장난감을 통해 발산하는 경우가 많습니다. 그가 오직 하나 허락한 도구가 있었는데, 바로 부엌 살림살이 세트였습니다. 요리하는 과정을 통해 엄마의 역할을 배우고, 부엌일을 익히는 역할 놀이를 통해 오감을 발달시키면서 자신의 실수를 깨닫고 고치는 데 매우 효과적이라고 생각했기 때문입니다.

그 밖에도 연극 놀이를 많이 했습니다. 어린아이의 놀이라고 해서 시시한 것이어서는 안 되며, 수준에 맞게 진지하게 머리를 쓰는 놀이를 해야 아이가 늘 유쾌하고 행복하다고 그는 말합니다. 이것이 아이의 특성을 자극하고 찾아내는 카를 비테 목사의 교육법입니다.

카를 비테 목사의 자녀 교육 이야기를 보면, 마치 자신의 일생을 전적으로 자녀를 위해 바친 것 같지만, 실상은 전혀 그렇지 않았습니다. 하루에 겨우(?) 1~2시간밖에 할애하지 않았다고 합니다. 목회 일로 바빠서 더 많은 시간을 들일 수도 없었지만, 그는 적은 시간이라도 꾸준하게 교육하면 아이는 놀라운 능력을 발현하게 된다고 굳게 믿는 사람이었습니다. 그는 책에 '어린아이의 능력은 제때 출구를 만들어 주기만 하면 샘물처럼 솟아난다는 사실을 직접 깨달았다'고 적고 있습니다.

무엇이 인간의 지능을 결정하는가에 관한 오랜 논쟁, 20세기의 큰 발견이라 일컬어지는 '태아도 생각과 기억을 가지고 있다'는 연구 결과는 그동안 유전이라고 생각해 온 능력이 실은 학습된 것일 수도 있다는 주장에 점점 더 무게를 실어 주고 있습니다. 그런 점에서 카를 비테 목사는 아주 오래전 이미 유전과 환경의 경계를 뛰어넘어 부모인 우리가 자녀를 위해 무엇을 어떻게 해야 할지를 자신의 삶으로 보여 준, 명실상부한 자녀교육의 선각자라 할 것입니다.

'태어나면서부터 갖고 있을지도 모를 우리 아이만의 유전적 특성을 찾아내고 그에 맞는 환경을 조성해 주면 누구보다 자신감 있고 강한 아이가 된다'는 것, 저는 이것을 강조하고 또 강조하고 싶습니다.

비결 2 · 100억 재산보다 값진 정신적 유산을 - 빌 게이츠 아버지

독립적으로 경쟁하라

'지금이 아니면 늦는다'라는 생각으로 자신의 꿈을 실현하기 위해 미련 없이 하버드 대를 중퇴한 빌 게이츠. 그때 실현한 꿈을 발판으로 삼아 세계 정상의 마이크로소프트를 일군 그는 30년이 지난 뒤 모교로부터 명예 졸업장을 받는 자리에서 세계인을 울리는 감동의 연설을 해서 또다시 세간의 주목을 받았습니다. 빌 게이츠의 연설 중에 제가 주목한 것은 "하버드에 돌아가 학위를 따겠다는 아버지와의 약속을 30년 만에 지킬 수 있어서 기쁘다"고 밝힌 대목이었습니다.

컴퓨터 업계의 정상에 올라 부와 명예를 거머쥔 빌 게이츠, 그의 아버지는 도대체 어떤 사람일까요?

빌 게이츠의 아버지 윌리엄 게이츠 2세는 유명한 변호사이자 화목하고 부유한 가정의 가장이었습니다. 그는 자신의 아들이 훌륭히 성장할 수 있

도록 모든 조건을 갖추고 부족함이 없게 했지만, 넘치는 부로 인해 아들의 미래를 망치는 어리석은 일은 하지 않았습니다. 기자와의 인터뷰에서 그는 "내가 만약 막대한 재산을 물려줬다면 오늘의 빌 게이츠는 없었을 것입니다"라고 밝히기도 했습니다. 부모의 재산으로 편하고 쉽게 살아가는 것이 자식을 서서히 죽이는 '독'이 될 수도 있음을 알고 실천했다고나 할까요.

또한 그는 아들이 세계 제1위의 갑부가 되어 한창 잘나가게 되자 "지금이야말로 어려운 사람을 돌아보고 그들을 위해 일할 때"라며 기부와 사회 환원에 힘쓸 것을 권유한 위대한 아버지이기도 합니다. 이런 아버지의 영향을 받은 빌 게이츠는 세계 최대의 자선 단체인 빌앤멜린다게이츠 재단을 설립하여 세계인의 보건과 교육에 힘썼으며, 2008년에는 경영에서 물러나 자선 활동에만 전념하겠다고 선언했습니다.

마이크로소프트 왕국의 창시자이자 컴퓨터 황제이며 세계 최고의 갑부로서 모든 면이 완벽할 것 같은 빌 게이츠. 하지만 의외로 어린 시절의 그는 문제투성이였습니다. 어린 빌 게이츠는 산만하고, 모든 일을 얼렁뚱땅 대충 처리하며, 뭐든지 잘 잃어버렸다고 합니다. 아버지가 편지를 부치라고 시키면 편지를 우체통 대신 쓰레기통에 집어넣을 정도였습니다. 그에게 '주의력 결핍 과잉 행동 장애'라는 증상이 있었다는 발표도 있었습니다.

만약 여러분이라면 이런 악동을 어떻게 키웠을까요? 아이가 말도 잘 듣지 않고 아무리 다그쳐도 소용이 없다면 어떻게 했겠습니까? 이성을 잃고 윽박지르거나 체벌이라는 효과적인(?) 수단을 찾지 않았을까요?

"게임은 장난이 아니었다!"   빌 게이츠의 아버지는 달랐습니다. 너그럽고 현명한 그의 아버지는 채찍을 드는 대신 같이 활동을 하거나 운동을 하면서 이야기를 들려주고, 대화를 통해 스스로를 돌아보고 뉘우치도록 만들었습니다. 아버지의 대화 스타일은 철저히 독립적인 사고를 키워주는 방식이었습니다. 이렇게 해라 저렇게 해라 말하지 않았으며, 자녀의 이야기를 끝까지 듣기 전에는 시비를 판단하지 않았습니다. 자녀 스스로 생각하고 결정한 것을 존중해 주었습니다. 빌 게이츠가 학업을 중단하고 사업을 하겠다고 했을 때에도 우선 학업을 마치기를 바랐지만 아들의 결정을 믿고 곁에서 묵묵히 지켜보았습니다.

  빌 게이츠는 경쟁을 꺼리는 아이였습니다. 게다가 키도 작고 수줍음을 잘 타서 소위 '왕따'를 당하기 쉬운 아이였습니다. 당시 미국 공립학교의 분위기는 성적이든 무엇이든 튀는 아이는 다른 아이들이 그냥 두지 않는 상황이었습니다. 그는 왕따를 당하지 않으려고 일부러 점수를 낮게 받았습니다. 수학과 과학을 제외하고 다른 과목은 신경을 쓰지 않았습니다. 그의 부모는 아들을 위해 학교를 바꾸어 주는 것이 낫겠다고 판단했습니다. 아들을 적절한 경쟁 환경에 넣어 주기로 한 것이지요. 시애틀의 명문 사립학교인 레이크사이드에 입학한 빌 게이츠는 수학과 과학뿐만 아니라 다른 과목에서도 능력을 발휘하기 시작했습니다.

  그의 아버지는 변호사로 매우 바쁜 사람이었지만, 매주 일요일과 매년 휴가 때는 온 가족과 함께 시간을 보냈습니다. 일요일에는 주로 카드와 암호 맞히기 게임 등을 즐기고 휴가 기간에는 릴레이, 깃발 뺏기 등 집단

으로 하는 게임을 했습니다. 그는 한 인터뷰에서 "게임은 그냥 장난으로 한 것이 아니었다. 언제나 누가 이기느냐가 중요했다"며 게임을 통한 경쟁이 집안 분위기였다고 말했습니다. 빌 게이츠 역시 "(휴가는) 항상 멋진 시간이었다. 우리 모두에게 '우리는 경쟁할 수 있고 성공할 수 있다'는 생각을 심어 주었다"고 회상했습니다.

오늘의 빌 게이츠는 뒤에서 그를 키워 낸 위대한 아버지를 빼고는 설명할 수가 없을 것입니다.

**아빠와 함께 무술을,
엄마와 함께 수영을**   지와 덕을 키우는 것은 말할 필요도 없지만, 체육 활동을 통해 자녀와 공감을 갖는 시간이 얼마나 중요한지 저는 아이들을 키우면서 깨달았습니다. 저희 두 딸은 엄마와 함께 운동하는 것을 좋아합니다. 걷기나 자전거 타기를 하면서 때로 시합을 벌이기도 하고 여자들끼리 수다를 떨기도 하는 모습은 보기에도 매우 좋습니다. 우리 막내아들은 아빠와 함께 검도를 배우러 다니던 때를 잊지 못합니다. 같이 가서 검도를 배우고 땀을 흘린 뒤 아빠와 샤워하는 것을 아들은 무척 좋아했습니다. 돌이켜 보면, 그때 제 아들은 검도를 하면서 독립심을 키우고 경쟁의 도를 익혔던 것 같습니다. 또한 친구들을 배려하고 존중하며, 무술의 힘으로 친구들을 보호해 주어야 한다는 것도 깨달은 것 같습니다.

초강대국이라는 미국에서는 총기 사고로 많은 사람이 죽거나 다치는 일이 종종 발생합니다. 그런데 범인들을 들여다보면 대부분 지덕체 면에서 골고루 바르게 성장하지 못한 미숙아의 면모를 띠고 있습니다. 부모가 하루 종일 일에 매달리느라 아이와 대화하거나 함께 여가 활동을 하지 못한 채 모든 교육을 학교나 기관에 맡긴 탓에 생겨난 현상입니다. 앞서 살펴본 조승희 군도 그런 가정과 사회의 희생자라 할 것입니다. 만약 조 군이 자신의 심정을 숨김없이 털어놓거나 여가 시간을 함께할 사람이 단 한 사람이라도 있었다면 그처럼 불행한 사태는 벌어지지 않았을 것이라고 판단한다면 지나친 걸까요?

어떻게 하면 내 아이를 훌륭한 인격을 갖춘 강한 아이로 키울 수 있을까요? 여러 가지 방안이 제시될 수 있겠지만, 저희 경우는 아들은 아빠와 함께 무술을 배우는 게 좋고, 딸들은 엄마와 함께 수영이나 에어로빅 혹은 요가와 같은 스포츠를 즐기는 것이 좋았습니다. 아들과 함께 검도장을 다니면서 속 깊은 대화를 나눌 수 있을뿐더러 동시에 급수가 올라가고 단을 따는 재미도 쏠쏠했습니다. 집에서 같이 연습하며 자세를 교정해 주는 것도 무시할 수 없는 즐거움이었습니다. 바쁜 중에도 매일 일정 시간 같이 땀을 흘리다 보니 친밀한 감정도 매우 강해졌습니다. 딸아이들 역시 엄마와 함께 건강과 미를 가꾸는 공통의 주제를 가지고 즐기며 엄마를 친구처럼 여기고 온갖 수다를 떨면서 정서적 안정감과 신체 단련이라는 두 마리 토끼를 잡을 수 있었습니다.

체육만을 중시하면 비천한 폭군이 되기 쉽고, 지육만을 중시하면 바람만 불어도 쓰러지는 병약한 사람이 되거나 사회에 해악을 끼치는 악한이 되기 쉬우며, 품성만 중시하면 사회와 인류에 실질적인 도움이 되지 않는 사람이 될 수 있습니다. 이것이 바로 지, 덕, 체가 골고루 발달한 참으로 건강한 아이로 키워야 할 근본적 이유입니다. 그러기 위해서는 독립적인 공간과 사고, 경쟁을 즐길 줄 아는 분위기, 자유로운 소통이 가능한 관계를 허용하는 부모가 먼저 되어야 합니다. 빌 게이츠의 아버지처럼.

비결 3 단순한 칭찬보다 속마음을 헤아려라 – 세키네 마사키 선생

먼저 아이한테 배운다

　여러분은 하루에 칭찬을 얼마나 하는 편인가요? 또 칭찬을 듣게 되면 주로 어디서 듣게 되나요? 얼마 전 어떤 사람이 하는 얘기를 듣고 고개를 끄덕인 적이 있습니다. 살다 보면 갖가지 형태의 칭찬을 듣게 되는데, 곰곰이 생각해 보면 이런 칭찬을 해 준 사람은 모두가 남이었다는 것입니다. 집 안이 아니라 바깥에서 듣는다는 것이지요. 다시 말해 가족에게서 들은 칭찬은 한마디도 없었다는 것입니다. 역으로 자신이 하는 칭찬의 대상도 대부분 가족이 아니라 남이었다는 것을 깨달았다고 합니다.

　저도 요즘 들어 칭찬에 인색해졌다는 것을 피부로 느낍니다. 아이들이 어렸을 때는 "참 잘하는구나"라든가 "야, 최고다"와 같은 말로 치켜세워 준 적도 있지만, 지금은 "참 맛있게 끓였지요?" 하는 아내 말에도 "음, 그렇군요" 하고 밋밋하게 대답할 뿐 칭찬과는 영 거리가 먼 반응으로 일관

하는 경우가 많아졌습니다. 세키네 마사키 선생의 이야기는 그런 제게 죽비 소리와도 같은 울림을 주었습니다.

세키네 마사키 선생은 교장 선생님 출신으로 학교 일선에서 느낀 칭찬의 중요성을 우리에게 실감 나게 일깨워 줍니다.

"인간은 생각할수록 재미있는 존재다. 스스로 '나는 바보야, 나 같은 건 아무짝에도 쓸모가 없어'라고 깎아내리면서도, 다른 사람이 '정말 그래. 너는 바보야. 너는 정말 아무짝에도 쓸모가 없어'라고 맞장구를 치면 벌컥 화를 낸다. 이처럼 자존심은 분명히 주관적이다."

그는 칭찬도 아이들의 발달 연령에 따라 적절히 해야 한다고 충고합니다. 예를 들어 "너는 정말 선생님 말씀을 잘 듣는 착한 아이구나"라는 말을 초등학교 저학년 아이들이 들으면 '선생님이 칭찬을 해 주시다니 정말 기분 좋다'고 느낄 것입니다. 그러나 중학생이라면 '나를 코흘리개로 아시나?' 하고 시큰둥해할 것입니다. 이것은 부모나 선생님이 말씀하시는 대로 산다면 나라는 존재는 뭐란 말인가 하는 사춘기의 반항심을 솔직하게 드러낸 것입니다. 이처럼 자아와 자존심은 나이에 비례해서 발달한다는 것을 알아야 합니다. 유아기와 아동기, 소년기의 아이들은 인격이나 심리가 전혀 다르기 때문이지요.

가르치기 전에
마음을 열어라

'칭찬은 고래도 춤추게 한다'고 하지만, 사실 제가 세키네 마사키 선생으로부터 받은 감동은 조금 다른 차원이었습니다. 그것은 그냥 일상적으로 하는 칭찬이나 배려가 아니라 상대방의 마음 상태, 자존심까지 고려한 진정한 교류가 무엇인가를 확연히 알게 된 데서 비롯되었습니다. 다음은 세키네 마사키 선생의 경험담입니다.

나는 '마음의 대지'라는 텔레비전 프로그램을 보고 복잡한 감회를 느꼈다. 이 프로그램에는 '인디언 소녀 아메리아와 캐서린 선생님의 사랑의 교류'라는 부제가 붙어 있었다. 이 이야기의 배경은 캐나다의 광야에 백인들이 세운 인디언 학교였다. 백인들은 미개한 땅에서 원시적으로 자라는 인디언 아이들에게 문명의 빛을 비추어 문화생활을 할 수 있도록 도와주기 위해 중학교를 세웠다. 글 읽는 법을 가르치고 인간답게 사는 방법을 몸에 익히게 하여 문명의 혜택을 입도록 도와주고자 했다. 그래서 전교생이 생활할 수 있는 기숙사를 세워 그곳에 미개한 인디언 아이들을 모아 놓고 학교 교육을 베풀려고 했다. 그러나 그것은 선의의 이름을 빌린 강제였다.

그 중학교에 들어간 인디언 오누이가 있었다. 그들은 먼 곳에서 헬리콥터를 타고 이곳까지 왔다. 오누이는 조상의 숨결이 담긴 이름이 있었지만, 그것 대신에 미국식 이름으로 불리게 되었다. 누이에게 주어진 이름은 아메리아였다.

이 학교에 젊은 여선생이 부임했다. 그녀의 이름은 캐서린. 다른 선생들은 강압적으로 학생들을 좌지우지하려 했지만 캐서린 선생의 생각은 달랐다. 영어 한마디 할 줄 모르는 아이들, 게다가 백인들의 강압과 폭력에 시달려 늘 두려움에 떠는 아이들에게 무슨 교육을 시킬 수 있단 말인가? 캐서린 선생은 근본적인 회의를 느꼈다. 첫 수업을 마친 캐서린 선생의 의문은 더욱 깊어 갔다. 겉보기에는 깨끗한 교복을 입고 깔끔한 침대에서 생활을 하며 풍요로워 보이는 인디언 소년 소녀들이지만, 그들의 마음속은 전혀 그렇지 않았다. 캐서린 선생은 아메리아를 불러서 사과를 보여 주었다.

"이것은 사과라고 한단다. 자, 따라 해 보겠니? 사과!"

상냥하게 일러 주는 선생님에게 인디언 소녀 아메리아는 인디언 말로 대답했다.

"앗프스타미나."

그것은 '당신이 갖고 있는 과일을 우리 인디언들은 앗프스타미나라고 한단 말이야. 나는 인디언이야'라는 그녀의 자기주장이었다. 아메리아의 말을 잘 알아듣지 못한 선생은 반복해서 말했다.

"이것은 사과예요. 자, 따라 하세요. 사, 과."

그래도 안 되면 이렇게 말하기도 했다.

"사과라고 말하면 이걸 줄게."

그러나 아메리아는 완강하게 같은 말만 반복할 따름이었다.

"앗프스타미나."

그것은 '무슨 소리를 해도 나는 사과라고는 말하지 않겠어'라는 그녀의 고집이었다. 선생님도 끈기 있게 몇 번이고 반복했지만 아메리아는 "앗프스타미나, 앗프스타미나" 하고 쌀쌀맞게 반복할 뿐이었다. 귀에 익지 않은 그 소리를 캐서린 선생이 알아들을 리 없었다. 지쳐 버린 캐서린 선생은 무심코 물었다.

"그런데 뭐라고 했지? 앗프…… 뭐라고?"

아메리아는 그 순간 처음으로 캐서린 선생이 알아들을 수 있도록 음절을 끊어 또박또박 말했다.

"앗프스타미나. 앗, 프, 스, 타, 미, 나."

그제야 캐서린 선생은 아메리아의 말을 알아들었다.

"아, 그래. 앗프스타미나라고 하는구나. 앗프스타미나."

그러자 아메리아는 방긋이 웃었다. 학생과 선생 간에 처음으로 교류가 생긴 것이다. 캐서린 선생은 아메리아를 가르치려고만 했던 생각을 바꾸어 아메리아에게서 배우기로 했다. 아메리아의 말을 영어로 교정해 주고자 했던 것을 뒤로 미루고 먼저 아메리아의 말을 이해하려고 한 것이다. 그러자 아메리아는 자신의 눈과 코 따위를 가리키며 짓궂게 영어로 말하기도 했다. 아메리아는 영어를 조금은 알고 있었지만 선생의 강요에 반발해서 "앗프스타미나!"라고 인디언 말만 되풀이했던 것이다.

나는 이 장면을 보고 눈이 번쩍 뜨였다.

'학생들을 지도하려 들기에 앞서 그들이 왜 그런 기분을 느끼는가를 배워야겠구나. 교사가 그렇게 진지한 자세로 임한다면 학생들도 우리에게 마음의 문을 활짝 열겠지. 그렇게 되기까지는 꽤 많은 시간이 걸리겠지만, 그 시간은 학생들이 스스로를 돌아보는 계기가 될 거야.'

가르치겠다, 고쳐 주겠다, 지도하겠다는 생각을 버리고 학생들이 어떤 마음을 갖고 있는지, 그 아이들이 왜 그런 생각을 갖게 되었는지를 배우겠다는 자세로 아이들을 대하는 것이 중요하다.

세키네 마사키 선생의 이야기를 우리에게 적용해 보면, 솔직히 부끄러움이 앞섭니다. 과연 우리 부모들이 아이들을 제대로 이해한 상태에서 칭찬하거나 꾸중하고 있느냐는 것입니다. 칭찬이 잘못되면 방종하게 할 수 있다는 우려가 나오는 것도 따지고 보면 제대로 된 이해가 선행되지 않았기 때문입니다. 설령 선의에 토대를 두었다 하더라도 학생들의 감정을 고려하지 않는 강제는 교육이 아니라는 세키네 마사키 선생의 말을 새겨들어야 합니다.

비결 4 　'뛰어나게'가 아니라 '다르게' – 스티븐 스필버그 어머니

엉뚱해도 좋다

'차이'가 모든 것을 결정하는 시대입니다. 조금 잘하거나 남보다 열심히 하는 것만으로는 세계화 시대에 경쟁력을 확보하기가 어렵습니다. 다르게 하지 않으면 아무리 많은 시간과 노력을 들여도 기대한 성과를 올릴 수 없습니다. 아무도 알아주지 않을 테니까요.

자녀 교육도 그렇습니다. '남보다 뛰어나게'가 아니라 '남과 다르게' 키우는 것이 필요합니다. '다르다'는 것은 무한 경쟁의 레드오션을 벗어나 자신만의 블루오션을 개척하는 것이며, 매일 허리띠를 졸라매야 하는 '최고'가 되기보다는 세상을 움직이는 '최초'가 되는 것입니다. 역사와 현실을 돌아보면, '남과 같이'가 아니라 '남과 다르게' 키움으로써 자녀의 꿈을 이루게 한 사례가 많이 있습니다.

대표적인 것이 유대인 어머니들입니다. 노벨상 수상자를 가장 많이 낳

은 사람들이기도 하지요. 지구 상에 유대인은 약 1500만 명으로 전 세계 60억 인구의 약 0.25퍼센트에 불과합니다. 하지만 누구나 인정하는 똑똑하고 훌륭한 인물의 상징인 역대 노벨상 수상자의 유대인 비율은 25~30퍼센트로 알려져 있습니다. 최소로 잡아도 노벨상 수상자의 25퍼센트는 유대인인 셈입니다. 이런 유대인의 엄청난 힘은 창의력에 바탕을 둔 교육에서 나오는 것입니다. 그들이 믿는 종교 원리의 핵심도 바로 창의력입니다.

그러면 유대인 어머니들은 어떤 사상으로 자녀들을 키우기에 그들에게 창의력이 넘칠까요? 바로 '티쿤 올람(Tikun Olam) 사상'입니다. '티쿤 올람'이란 '세계를 고친다'라는 뜻의 히브리어입니다. 신은 세상을 창조했지만 미완성 상태로 두었고, 그렇기 때문에 인간은 완성된 세상을 위해 계속 창조 행위를 해야 한다는 의미입니다. 그것이 더 나은 세상을 만들겠다는 신의 뜻이자 인간에게 준 의무라는 설명입니다.

"엉뚱한 질문을 하면 엄마한테 여쭤 보라 하세요"

유대인 영화 감독 스티븐 스필버그 또한 창의력을 끊임없이 자극하고 길러 준 어머니가 없었다면 감동과 환상의 작품을 우리에게 선사하지 못했을 것입니다. 그는 태생적으로 엉뚱하고 장난기가 심한 아이였습니다. 수업 시간에도 내용에는 집중하지 않고 황당한 질문으로 선생님을 당황케 한 적이 한두 번이 아니었습니다. 결국 담임선생님은 그의 어머니에게 "스필버그는 도저히 학교에서 공부할 수가 없으니 가정에서 개별적으로 공부를 시키든지, 특수학교에 보내야 한다"고 충고하기에 이르렀습니다. 그러자 스필버그의 어머니는 이렇게 답했습니다.

"선생님, 우리 아이가 엉뚱하고 산만한 것이 다른 아이에게 방해가 되지 않는다면 기를 꺾지 말아 주세요. 엉뚱한 질문을 할 때는 '집에 가서 엄마한테 여쭤 보렴'이라고만 해 주세요. 그리고 그 애의 질문을 전화로 알려 주시면 제가 도서관에서 자료를 찾아 답해 주는 데 큰 도움이 되겠습니다."

이처럼 그의 어머니는 아이의 톡톡 튀는 발상을 그대로 키워 주려고 갖은 애를 썼습니다. 다른 아이들과는 좀 달랐던 스필버그는 아주 자유로운 어린 시절을 보냈습니다. 그것은 그의 어머니 레아 역시 당시 어머니들과 다른 사람이었기 때문입니다. 평생 어린아이 같은 감성을 지닌 그녀는 유별난 아들을 전적으로 신뢰했으며, 그가 원하는 것을 하도록 내버려 두었습니다.

레아는 피아니스트를 직업으로 꿈꿀 만큼 음악적 재능이 있는 여성이었습니다. 결혼 후에는 경제적인 이유로 예술가의 길을 포기했지만 피아노 치는 일을 멈추지 않았고, 집 안에는 늘 클래식 음악이 흘렀습니다. 그 덕에 스필버그는 기저귀를 차는 아기였을 때부터 엄마 무릎에 앉아 음악을 들으며 박자를 맞추곤 했다고 합니다. 그를 잘 아는 사람들은 이런 음악적 영향이 스필버그의 창의력 발달 과정을 이해하는 열쇠라고 말하기도 합니다. 태내에서부터 들은 엄마의 피아노 소리가 그의 내면으로 스며들었을 것이기 때문입니다.

레아는 아들이 아주 많은 호기심과 상상력을 가졌다는 걸 알았으며 그의 유별난 행동을 통제하려 하지 않았습니다. 그녀는 당시의 보편적인 어머니들보다 개방적이고 진보적이었으며, 관용의 미덕을 지니고 있었습니다. 학교에 들어간 스필버그는 4년 내내 C만 받는 아주 평범한 아이였습니다. 그는 공부에 열중하는 대신 늘 공상에 잠겨 있었습니다. 그런 그를 누구도 눈여겨보지 않았지만 레아는 자신의 아들이 다른 아이들과 '다르다'는 믿음과 그것에 대한 긍정적인 기대를 버리지 않았습니다. 이런 레아의 긍정적인 사고방식 역시 그에게 영향을 미쳤습니다.

스필버그는 유대인이었기 때문에 백인 주류 사회에서 늘 고립감을 갖고 있었습니다. 또한 근무지를 자주 옮겨 다니는 아버지 때문에 친구를 제대로 사귈 수 없는 불안정하고 어두운 환경에서 자랐습니다. 그런 가운데에서도 스필버그가 낙천적인 성품을 지니게 된 것은 어머니로부터 낙천성을 물려받은 덕분입니다.

레아는 유대교의 정통 교리들을 고수하는 사람은 아니었으나 자신이 유대인임을 잊지 않았으며, 그것은 스필버그에게 깊은 영향을 미쳤습니다. 그로 인해 예술의 깊이와 개인적 성숙을 보여 준 '쉰들러 리스트'가 탄생할 수 있었던 것입니다. 어머니는 천재적인 영화 감독이 된 아들에게 이렇게 말했다고 합니다.

"나는 네가 언젠가 우리에 관한 영화를 만들었으면 좋겠다. 하나의 민족으로서가 아니라 사람으로서 우리가 과연 누구인지 말해 주는 영화를 만들어 그걸 누구나 볼 수 있게 해 주었으면 좋겠다."

'쉰들러 리스트'는 어머니를 위해 만든 영화이자, 스필버그 자신에게 진정한 정체성을 발견하게 해 준 영화였습니다. 끔찍한 홀로코스트의 상흔은 오래도록 그를 괴롭혔지만, 이 영화를 만드는 동안 비로소 '수치스러운 유대인에서 긍지로 가득 찬 유대인'으로 변모했기 때문입니다.

   자녀를 다른 아이들처럼 키워야 한다는 획일적인 사고방식에서 벗어나야 합니다. 자극을 주고 독서를 장려하면서 배려 어린 보살핌으로 교육하되, 내 아이만의 특성을 발견하여 그 분야를 집중적으로 발달시켜 주어야만 후일 경쟁력 있는 사람으로 성장합니다.

위대한 어머니들

자식이 재물 따위에 한눈팔지 않고 학식 있고 존경받는 학자가 되기를 바라는 마음으로 돈을 줄 때는 꼭 봉투에 담아 건넸던 박동규 교수의 어머니, 학교에 가기 싫다고 떼를 쓰는 딸에게 전쟁으로 피폐해진 건물들을 보여 주면서 "배워야, 그리고 강해야 쓰러지지 않는다"고 가르친, 그리하여 절름발이라는 핸디캡에도 불구하고 딸을 소설 《바람과 함께 사라지다》의 작가로 키워 낸 마거릿 미첼의 어머니, 소리를 들을 수 없으니 목수나 시켜야 한다고 주변에서 손가락질할 때 아이가 가진 그림에 대한 열정과 재능을 믿고 삼고초려의 스승 찾기를 통해 그 꿈을 이루도록 지원해 준 운보 김기창 화백의 어머니, 학습 부진아에다 집중력 부족으로 학교생활에 적응하지 못하고 바보 천치라고 놀림을 받은 아이를 질책하거나 다그치지 않고 피나는 노력으로 세계 최초로 샴쌍둥이 분리 수술에 성공한 명의의 반열에 올려놓은 벤저민 카슨의 어머니, 겉모양보다 속이 거듭나야 한다며 삶을 윤택하게 해 주는 지식과 정신력을 쌓는 것이라면 무슨 일이든 팔을 걷어붙이고 힘이 되어 준 방송인 이숙영의 어머니, 새로 이사한 동네의 드센 아이들 틈에서 적응하지 못하고 매일 울며 쫓겨 들어오는 아이에게 맞서 싸우고 리드하는 방법을 알려 줌으로써 결국 미국 정가의 최고 리더로 성장하게 해 준 힐러리 클린턴의 어머니……

유대인 어머니들도 빼놓을 수 없을 것입니다. 그들은 모두가 한결같이 '교육의 어머니'라고 할 수 있습니다. 얼마나 대단한지 사전에도 올라 있을 정도입니다. 영어의 'Jewish Mother'(유대인 어머니)란 말에는 여러 가지 뜻이 있지만, 그중 하나가 '자녀들에게 배움의 필요성을 지겹도록 강조하는 극성스런 어머니'입니다. 정작 유대인 어머니들은 이 말을 그다지 좋아하지 않지만, 한편으로는 이것을 어머니로서의 당연한 의무라 여기고 있습니다. 그들은 여성이야말로 최초의 교육자이며, 자녀들을 가르치는 의무는 당연히 여성이 지녀야 한다는 자부심을 가지고 있습니다. 그리고 자녀 교육에서 무엇보다 다른 아이와 다른 점, 즉 개성을 중시합니다. 이것이 바로 유대인적 교육 방법의 가장 큰 특징이자 장점입니다. 유대인 어머니들은 자신의 자녀가 다른 집 아이들과 똑같이 뛰어놀고 함께 공부하며 행동하는 스테레오

타입(고정적인 틀)에 속하는 것을 바라지 않습니다.

우리가 잘 아는 아인슈타인의 어머니도 유대인이었습니다. 잘 알려진 것처럼 아인슈타인은 상대성 이론을 최초로 발견한 세계적인 물리학자입니다. 그런 그에게도 어려운 어린 시절이 있었습니다. 네 살이 되도록 말을 못했고, 학교에 들어가서도 머리 회전이 늦은 데다 친구들과 잘 어울리지도 않아서, 1학년 때 담임선생님은 '이 아이에게서는 어떤 지적 열매도 기대할 수 없다'는 신상 기록을 남겼습니다. 또한 그가 학교를 계속 다닐 경우 다른 학생에게 방해가 된다는 결론을 내리고 더 이상 학교에 보내지 않는 것이 좋겠다고 했습니다.

담임선생님의 이 짤막한 의견을 읽은 아인슈타인의 어머니는 말했습니다.

"너는 남과 아주 다른 특별한 능력을 가지고 있단다. 남과 같아서야 어떻게 성공하겠니?"

만일 아인슈타인이 남들과 똑같은 교육을 받았다면 어떻게 되었을까요? 부모가 남들과 똑같이 되기를 강요했다면 어땠을까요? 아마도 우리는 그를 몰랐을 것이고 과학의 역사는 한참 뒤처졌을 것입니다.

비결 5 현실을 직시하는 법을 가르쳐라 – 로버트 기요사키의 두 아버지

'내일'을 강제하지 말고 '오늘'을 선물하라

외국의 어느 연구소에서 〈한국 아이들은 아동기를 빼앗기나〉라는 보고서를 발표한 적이 있습니다. 보고서에는 우리나라 아이들이 핀란드 아이들보다 공부하는 시간이 60퍼센트나 더 많다고 나옵니다. 그런데도 국제 학력 평가에서는 거의 1위를 고수하는 핀란드 아이들에 비해 우리나라 아이들은 한참 뒤떨어져 있습니다.

왜 이런 일이 생겼을까요? 내일을 위해 오늘을 너무 희생해서 그런 건 아닐까요? 미래에 성공하는 아이를 만들겠다고 현재 아이의 관심이나 흥미, 욕구와 성취도는 전혀 고려하지 않은 채 무조건 책상에 앉혀 놓고 읽고 외우고 풀도록 강제해서 그런 건 아닐까요? 하기 싫거나 제대로 동기 부여도 되지 않은 상태에서 하는 공부는 도로아미타불이거나 들인 시간에 비해 효과가 극히 낮을 수밖에 없을 것입니다.

영재 교육 전문가인 심은희 씨는 어려서부터 부모의 욕심에 순응하다가 망가진 아이를 너무 많이 봤다면서 "부모는 아이에게 재능이 없으면 빨리 포기하고 다른 방식으로 살 수 있는 기회를 찾아 주어야 한다"는 조언을 아끼지 않습니다. 오늘을 잘 알고 오늘에 최선을 다할 수 있는 조건을 만들어야 아름다운 내일도 기약할 수 있습니다.

"삶에서 가장 파괴적인 단어는 '내일'이란 단어다. 내일이란 단어를 자주 사용하는 사람들은 가난하고 불행하며 실패한다. 이런 사람들은 종종 내일부터 투자를 시작하겠다고 말한다. 또는 내일부터 운동과 살 빼기를 시작하겠다고 말한다. 오늘은 '승자'들의 단어이고 내일은 '패자'들의 단어라고 한다. 당신의 인생을 바꾸는 말은 '오늘'이라는 단어다."

한동안 많은 사람에게 회자된 베스트 셀러 《부자 아빠 가난한 아빠》의 저자 로버트 기요사키가 한 말입니다.

자녀 교육도 마찬가지입니다. 오늘 행복하지 않은 아이는 내일도 결코 행복할 수 없습니다. 공부를 머리 터지게 하더라도 오늘이 즐거운 가운데 해야 하고, 원하는 만큼 성적이 나오지 않고 기대한 만큼 향상되지 못하더라도 아이는 오늘이 즐거워야 합니다. '오늘이 얼른 지나갔으면', '이번 시험만 끝나면', '대학에 들어가기만 하면' 하는 식의 생각이 부모와 자녀의 머릿속에 가득한 한 학습 효과는 영원히 열등한 수준을 벗어날 수 없습니다. 설령 한때 우수한 성적을 거둔다 해도 그것이 지속성을 띠지는 못합니다. 학교를 졸업하는 것이 곧 지긋지긋한 공부로부터의 해방을 의미하게 되고, 사회생활 역시 재미와 보람보다는 의무와 불만 속에서 하게 됩니다.

돈은 악의 근원이다 vs
돈을 벌어라

《부자 아빠 가난한 아빠》는 오늘을 잘 사는 아이로 키우는 데 부모의 영향력이 얼마나 지대한지를 새삼 일깨워 주는 책입니다.

아홉 살짜리 소년에게 두 아버지가 있었습니다. 한 사람은 진짜 아버지였습니다. 이분은 가난했지만 박사 학위를 받은 교육감이었으며 하와이 부지사 선거에 공화당 후보로 출마한 경력을 갖고 있었습니다. 가난한 아버지는 늘 "학교에 가라", "공부 잘해라", "직장을 잡아라", "열심히 일해라", "빚을 갚아라", "저축을 해서 집을 장만해라"라며 충고하고 지적했습니다. 오랫동안 교육자로 산 진짜 아버지의 성격은 대쪽 같았고, 사회적 책무만을 역설했습니다.

소년의 또 다른 아버지는 친한 친구의 아버지였습니다. 이분은 진짜 아버지는 아니었지만, 어린 시절부터 자신이 살아가는 데 많은 조언을 해 주었기에 소년이 아버지로 여기는 사람이었습니다. 비록 유명한 대학을 나오거나 열심히 공부한 사람은 아니지만 그는 부자였습니다. 부자 아버지는 어린 소년에게 잔소리 대신 인생의 지혜와 돈을 잘 굴리는 재테크 비결을 가르쳐 주었습니다.

어린 시절 두 아버지로부터 각기 다른 것을 배우고 자란 소년이 바로 로버트 기요사키입니다. 기요사키는 학교에서 공부 잘하고 졸업한 뒤 직장을 잡으라는 가난한 아버지의 가르침과, 그렇게 해서는 절대 부자가 될 수 없다는 부자 아버지의 가르침을 동시에 받으며 자랐습니다. 가난한 아버지는 늘 "돈을 좋아하는 것은 모든 악의 근원이란다. 공부 열심히 해서 좋은 직장을 구해라. 돈은 안전하게 사용하고 위험은 피해라. 똑똑한 사람이 되어야 한다"며 안전하고 평탄한 길을 가라고 말했습니다. 반면에 부자 아버지는 "돈이 부족한 것은 모든 악의 근원이 된단다. 공부 열심히 해서 좋은 회사를 차려라. 무엇보다 위험을 관리하는 법을 배우는 거지. 그리고 똑똑한 사람을 고용해라" 하면서 어떻게 하면 돈을 벌 수 있는지를 가르쳤습니다.

교육 방법은 완전히 달랐지만, 그는 두 아버지의 가르침을 통해 부유층과 중산층, 빈곤층에 대해 어렴풋이 깨달았고 오늘날의 자신이 만들어졌다고 말합니다.

"학교에서는 부자들이 알고 있는 것을 가르치지 않습니다. 부자들이 따르는 돈의 규칙이 따로 있고, 부자가 아닌 사람들이 따르는 돈의 규칙이 따로 있거든요."

그는 어렸을 때 아버지들의 이야기가 인생에 얼마나 도움이 되는지에 대해 잘 몰랐다고 합니다. 하지만 몇 십 년 동안 여러 가지 경험을 통해 두 분의 가르침이 때로는 가슴을 찌르는 비수가 되기도 하고, 때로는 발전을 위한 밑거름이 되기도 했다고 합니다. 물론 그는 내일과 당위를 역설한 아버지보다 오늘과 현실의 삶을 긍정하고 그 안에서 최선을 다한 아버지의 가치와 조언을 좇아 살았습니다. 그는 현재 세계적인 베스트셀러 작가이자 재테크 강사로 유명해졌습니다.

'내일'을 입에 달고 사는 사람에게 정작 내일은 오지 않습니다. '내일'을 만드는 건 바로 '오늘'의 실천이기 때문이지요. 당신은 어떤가요? 당신의 자녀에게 '오늘'을 선물하고 있나요, '내일'을 강제하고 있나요?

비결 6 맹수가 새끼를 기르듯 – 테드 터너의 아버지

거친 파도와 싸워라

훈련과 전략은 사회생활에만 필요한 것이 아닙니다. 가정에서 자녀를 키우는 데에도 훈련과 전략은 정말로 중요합니다. 노먼 V. 필이 쓴 《신나게 사는 인생》이라는 책에, 유명한 작가 마거리트 할몬 브로가 전하는 고대 일본인의 지혜에 관한 이야기가 나옵니다.

16세기 일본의 봉건 영주 다다오키 호사카우는 어느 날 당시의 유명한 정치가로부터 이런 질문을 받습니다.

"폐하께서는 어떤 사람이 가장 유능한 사람이라고 생각하십니까?"

그러자 호사카우는 "유능한 사람이란 아카시 만의 굴과 같은 사람이오"라고 대답했습니다. 정치가는 그 답변을 듣고 이렇게 말했습니다.

"폐하의 말씀이 옳습니다."

주위에 있던 많은 사람이 그 말의 참뜻을 이해하지 못했습니다. 그중

한 사람이 질문했습니다.

"우리는 폐하의 말씀이 무엇을 의미하는지 이해하지 못했습니다."

정치가가 설명해 주었습니다.

"아카시 만은 여러 만 중에서 폭풍우가 가장 심한 곳입니다. 폭풍우 때문에 거센 파도가 그 지역에 서식하는 굴을 이리저리 때립니다. 그러나 그곳에서 가장 맛이 좋은 굴이 생산되고 있습니다. 역사적으로 볼 때 유능한 사람들은 역경을 딛고 탄생한다는 의미지요."

인생살이에서 우리가 느끼는 가장 큰 기쁨은 공포와 역경, 고통이나 죽음을 이겨 냈을 때 찾아오는 법입니다. 값진 인생이란 자기에게 불리한 조건들을 물리쳐야 비로소 얻을 수 있는 것입니다.

테드 터너가 바로 그런 사람입니다. 지금은 세계적인 미디어 제왕으로 대단한 부호가 되었지만 과거의 그는 불우했습니다. 술을 좋아하고 독단적인 아버지의 억압과 폭력에 시달렸고, 청년 시절에는 아버지의 자살이라는 시련을 겪기도 했으며, 그 밖에도 말할 수 없는 역경을 견뎌야 했습니다.

그의 아버지 에드 터너는 대공황기에 신시내티에 옥외 광고 회사를 차려 일을 시작했습니다. 술도 많이 마셨지만 일도 열심히 해서 탄탄한 회사로 키우고 돈도 많이 벌었습니다. 술에 취해 때로는 아들에게 가혹하게 굴기도 했지만 자상한 측면도 있었습니다. 어린 테드에게 요트를 사 주고 함께 바다로 나가 많은 시간을 보내기도 했습니다. 파도와 싸우며 아들에게 인생과 사업에 대한 많은 이야기를 들려주었습니다.

아버지와 청년이 된 아들은 같이 일하며 회사를 점점 더 키워 나갔습니다. 아들은 아버지에게 능력을 보여 주기 위해 갖은 아이디어를 짜내며 최선을 다했습니다. 하지만 서로의 의견이 달라 싸운 적도 많았습니다. 최대의 고비는 아버지가 경쟁사를 인수하기 위해 전 재산을 털어 넣은 다음에 찾아왔습니다. 아버지는 자신의 결정을 후회하고 탈출구를 모색하기 시작했습니다. 위험을 감수하느니 차라리 회사를 매각하는 것이 낫겠다는 그의 판단에 테드가 강하게 반대했습니다. 자신의 능력과 의지로 충분히 이끌어 갈 수 있다고 생각한 것입니다.

테드 터너는 이때의 일을 회고하며 정말이지 아버지와 징글징글하게 싸웠다고 토로했습니다.

회사 경영에 어려움을 겪고 있던 3월의 어느 날 아침이었습니다. 아버지 에드는 사우스캐롤라이나 주에 있는 자기 농장에서 아침을 들었습니다. 음식이 아주 맛있었는지 요리사를 칭찬한 후 휘파람을 불며 침실로 올라갔습니다. 그러고는 욕실에서 38구경 연발 권총을 오른쪽 관자놀이에 대고 방아쇠를 당겨 자살을 하고 말았습니다.

갑자기 아버지를 잃은 테드는 엄청난 충격에 휩싸였습니다. 비록 부자 관계가 평온하고 원만했던 것은 아니지만, 그는 아버지가 자신을 매우 사랑한다는 것을 알고 있었습니다. 그는 평생 동안 그 사건을 아픈 상처로 기억했습니다.

물론 아버지가 테드에게 남긴 것은 상처만이 아니었습니다. 어려운 세상을 살아가는 데 필요한 정신과 태도를 길러 주었습니다. 어린 아들이 난관을 헤치고 경쟁 세계에서 이길 수 있도록 마치 맹수가 새끼를 기르듯 강하게 키웠습니다. 바다를 통해, 사업 세계를 통해 아버지는 그에게 도

전과 모험의 가치를 일깨워 주었습니다. 아버지의 영향 아래 그는 누구에게도 지기 싫어하는 타고난 승부사가 되었고, 다른 사람을 끝까지 설득하여 자신이 원하는 바를 실현하는 사업가로 성장했습니다. 살벌한 무한 경쟁에서 그가 큰 성공을 거둘 수 있었던 이유입니다.

1970년에 테드는 침체 상태에 빠진 UHF 채널 17의 애틀랜타 TV 방송국이 파산 지경에 이르러 매물로 나왔다는 말을 들었습니다. 그는 터너 광고 회사 주식 250만 달러로 이 회사를 매입하기로 결정했습니다. 남다른 아이디어와 노력으로 테드는 적자에 허덕이던 방송국을 3년 만에 흑자로 돌려놓았습니다. 이것이 CNN 방송국의 모태가 되었습니다.

만약 그가 시련에 부딪혔을 때 환경을 탓하고 좌절하여 주저앉았더라면 지금의 테드 터너는 결코 없었을 것입니다. 정글 같은 비즈니스 현실에서 도태되고 말았을 것입니다. 그는 역경이 사람을 위대하게 만든다는 것을 보여 주는 훌륭한 예입니다.

문명은
열악한 환경에서 피어난다

글을 쓰는 저 역시 지나간 세월은 정말 힘들고 어려웠습니다. 저와 비슷한 세대의 사람들에게도 그런저런 역경이 있었겠지만, 저의 경우는 그 정도가 좀 더 심했습니다. 아버지와 어머니가 동시에 중풍이 들었기 때문입니다. 저는 초등학교 4학년 때부터 졸지에 소년 가장이 되어 버렸습니다. 결국 그때부터 생업 전선에 뛰어들어야 했습니다. 신문 배달이며 껌팔이, 구두닦이 등 안 해 본 일이 없을 정도로 심한 고학 생활을 했습니다. 그 시절이 얼마나 힘들었는지 지금도 기도나 운동을 하려고 새벽의 찬 공기를 마시면 그때의 아픈 기억이 가슴을 쏴 하고 쓸어 갑니다.

당시에는 그토록 지긋지긋하던 고생도 지나고 보니 한없는 축복이었음을 이제는 압니다. 그때의 역경을 통해 인생의 훈련을 받지 않았다면 사회생활을 하면서 감내해야 했던 쓰라린 시간들을 결코 통과하지 못했을 거라는 생각이 듭니다. 자녀들에게 닥치는 고난을 부모가 직접 나서서 해결해 주기보다 때로는 무심하게 지켜보는 여유가 필요하다고 강조하는 까닭이 여기에 있습니다. 부모라면 누구나 풍족한 환경 속에서 아이를 키우고 싶은 것이 인지상정이지만, 그러한 환경이 오히려 자녀들을 나약하게 만들 수 있다는 사실도 잊어서는 안 됩니다. 좋은 환경은 온실과 같아서 조금만 바람이 불어도 꺾이고 마는 화초 같은 아이를 만들 수 있습니다. 고통과 아픔이 없으면 삶은 곧 시들고 만다는 것이 옛 성현들의 가르침입니다.

'문명은 자연환경이 좋은 곳이 아니라 열악한 곳에서 꽃피었다'는 말이 있습니다. 황허 강 유역, 나일 강 유역, 메소포타미아 유역, 인더스 강 유역 모두 자연환경이 열악한 곳이었습니다. 그곳에서 인류가 생존을 위해 환경을 개척하고 노력하는 과정에서 문명의 불길이 타오르기 시작한 것입니다. 제가 아이들을 키우면서, 저 푸른 들판의 잡초처럼 끈질기게 자라는 훈련을 받았으면 좋겠다고 생각하고 크게 도움을 주지 않는 쪽으로 가닥을 잡은 것은, 세상 어디에 내놓아도 아이 스스로 자신의 길을 개척해 나가 인생의 꽃을 피우는 사람이 되기를 바라서였습니다.

비결 7   돈에 대한 철학과 기술을 – 록펠러 2세와 워런 버핏

돈의 노예가 아니라 주인이 되게 하라

불가의 화두 중에 '줄탁동시'(啐啄同時)라는 말이 있습니다. 어미 닭이 알을 품고 있다가 때가 되면 병아리가 안에서 껍데기를 쪼는데 이것을 '줄'이라 하고, 어미 닭이 그 소리에 반응해서 바깥에서 껍데기를 쪼는 것을 '탁'이라고 한답니다. 그런데 이 '줄탁'은 어느 한쪽의 힘이 아니라 동시에 작용해야만 병아리가 세상 밖으로 나올 수 있습니다. 만약 껍데기 안의 병아리가 힘이 부족하거나 어미 닭의 노력이 함께 가해지지 않으면 병아리는 죽음을 면치 못하게 되지요.

껍데기를 경계로 두 존재의 힘이 하나로 모아졌을 때 마침내 새로운 세상이 만들어진다고 하는 이 비유는, 결국 이 세상은 혼자의 것이 아니라 자신의 삶과 타인의 관계 속에서 형성된다는 것을 깨닫게 해 줍니다.

얼마 전 미국에서 복권에 당첨되어 일확천금을 손에 넣고도 빈털터리

가 되어 패가망신의 길에 접어든 한 사나이가 뉴스에 오르내린 적이 있습니다. 그는 3000억 원이라는 사상 최고 당첨금을 받은 뒤 5년 만에 빈털터리가 되었다고 합니다. 그의 실패 요인은 한마디로 '부자가 되기 위한 기초 체력의 부족'이었습니다. 어릴 때부터 부자가 되는 법을 배우지 못한 것입니다. 돈을 쓸 줄만 알았을 뿐 관리하고 불리는 법에는 전혀 무지했던 탓입니다. '탁'만 있지 '줄'은 없었던 것이지요.

대대로 부를 일구어 온 부자들은 일찍부터 어린 자녀에게 돈에 대한 철학과 기술을 가르칩니다. 돈이란 무엇이고, 어떻게 벌고, 어디에 사용해야 하는지 조기 교육을 시킵니다.

쥐 한 마리에 5센트, 파리 열 마리에 1센트

21세기에 빌 게이츠가 있다면, 20세기에는 록펠러 집안이 있었습니다. 록펠러 2세는 20세기 초 세계 최고의 부자였던 존 데이비슨 록펠러의 외아들입니다. 록펠러 2세에게는 모두 여섯 자녀가 있었는데, 그들은 매주 토요일만 되면 어김없이 아버지로부터 용돈 기입장 검사를 받았습니다. 아버지는 꼼꼼하게 쓰임새를 확인하고 일일이 코칭을 해 주었습니다. 가이드라인도 정해 주었습니다. 용돈의 3분의 1은 개인적인 용도로 사용하고, 3분의 1은 저축을 하고, 남은 3분의 1은 기부를 하도록 가르쳤습니다. 그런 후에 용돈을 제대로 사용하고 정확히 기입한 아이에게는 상으로 5센트를 주고 낭비한 아이에게는 반대로 5센트의 벌금을 매겼습니다.

록펠러 2세의 짠돌이 경제 교육은 그의 아버지에게서 배운 것이었습니다. 그는 아버지로부터 "재산이란 성실하게 관리하라고 하나님이 잠시 맡겨 놓은 것이기 때문에 낭비하지 않는 게 도리"라는 말을 수도 없이 듣고 자랐습니다.

우리가 록펠러 2세의 용돈 교육에서 눈여겨볼 점은 '돈은 공짜로 남이 주는 것이 아니라 노력을 해서 벌어야 한다'는 교훈을 일찍부터 마음과 몸에 심어 주려 노력했다는 것입니다. 정해진 용돈 외에 그는 아이들의 모든 행동에 일종의 가격을 정해 놓았습니다. 쥐 한 마리를 잡으면 5센트, 파리 열 마리를 잡으면 1센트 하는 식으로 말입니다. 노력하면 얼마든지 돈을 더 벌 수 있다는 것을 체험을 통해 깨닫게 한 것이지요. 자녀들의 운동량이 적다고 느낀 그는 아이들에게 일정량의 산책을 하면 1킬로미터당 1센트를 지급하겠다는 '당근' 전략을 쓰기도 했습니다. 심지어 자녀들에게 스무 살까지 금연과 금주를 한다면 우리 돈으로 2500만 원을 주겠다는 약속을 하기도 했습니다.

너무 심하다고 생각하십니까? 아이들을 돈의 노예로 만들 일이 있느냐고 생각하십니까? 그렇지 않습니다. 록펠러 2세가 모든 것을 돈으로 환산하여 아이들을 가르친 것은 아닙니다. 가족의 구성원으로서 응당 해야 할 일을 한 경우에는 돈을 지급하지 않았습니다. 또한 독실한 기독교인이었던 그는 자녀들을 기독교 방식으로 엄격하게 키우면서 사람으로서 지켜야 할 원칙과 규칙을 습관화하도록 가르쳤습니다. 또 '부자는 사회에 기여하고 책임져야 한다'는 노블레스 오블리주 정신을 구현하기 위해 록펠러 재단을 통해 각종 기부를 했고, 대공황으로 사회가 어려울 때는 일자리를 만들어 기업의 사회적 책임을 다하겠다는 생각으로 록펠러 센터를 건립하기도 했습니다.

**"엄청난 유산 상속이야말로
정신나간 행동"**
미국에서 두 번째 갑부인 워런 버핏은 '오마하의 현인'으로 불릴 정도로 존경받는 투자자 중 한 사람입니다. 워런 버핏은 2006년 6월 440억 달러(약 44조 원)에 달하는 재산의 85퍼센트를 기부하겠다고 해서 세상을 놀라게 했습니다. 더욱 놀라운 것은 세 자녀의 반응이었습니다. 기부 계획을 발표한 며칠 후 셋은 미국 ABC 방송에 출연했습니다. 진행자가 "내 돈은 어디 있느냐고 아버지에게 물어보지 않았는가?"라고 질문했습니다. 첫째 딸 수전은 "정말로 엄청난 재산을 물려준다면 그것이야말로 정신 나간 행동일 것"이라고 답했습니다. 그녀에게서는 유산에 대한 어떤 미련도 찾아볼 수 없었습니다. 세 자녀는 미소를 띠고 농담까지 섞어 가며 아버지의 계획을 지지한다고 말했습니다. 워런 버핏의 자녀들은 오래전부터 아버지의 재산에 신경 쓰지 않고 독립적으로 살아야 한다고 배워 왔습니다. 그에 맞춰 자신의 삶을 구상하고 만들어 왔기에 이렇듯 초연할 수 있었던 것이지요.

워런 버핏 역시 그의 아버지로부터 독립적으로 사는 법을 배웠다고 합니다. 그의 아버지는 미국 네브래스카 주 오마하에서 유명한 주식 중개인으로 미국 하원 의원까지 지낸 사람입니다. 그는 대공황으로 주식 시장이 폭락하여 일자리를 잃었을 때에도 아버지(워런 버핏의 할아버지)에게 도움의 손길을 내밀지 않았다고 합니다. 당시 아버지는 식료품점을 운영하고 있었습니다. 워런 버핏 가족은 할아버지에게 도움을 청하지 않은 아버지 때문에 끼니를 거르기 일쑤였습니다.

워런 버핏의 할아버지가 운영하던 오마하의 가게 자리에는 현재 은행이 들어서 있습니다. 바로 그 은행 로비에 할아버지의 금고가 보관되어 있는데, 금고에 다음과 같은 글이 붙어 있습니다.

'여섯 살의 워런 버핏은 이곳에서 여섯 병들이 콜라 한 상자를 25센트에 사다가 한 병당 5센트씩 팔았다. 그리고 한 상자당 5센트의 이윤을 남겼다.'

아버지는 아들 워런 버핏에게 어릴 적부터 용돈을 스스로 벌어서 쓰도록 했습니다. 독립적으로 사는 법을 호되게 단련시킨 것입니다. 워런 버핏은 신문 배달 등으로 10대 중반에 당시 사회 초년병이 정규직을 가졌을 때 벌 수 있는 정도의 돈을 벌었다고 합니다. 그리고 주식 투자로 서른한 살에 백만장자가 되었습니다.

'현명한 부모가 제대로 인도해 주지 않는 재산 상속은 축복이 아니라 저주다'라는 말이 있습니다. 많은 재산보다 재산을 관리할 수 있는 능력을, 더 나아가 무엇이든 혼자 해결할 수 있는 힘을 길러 주는 것이 현명한 부모의 도리입니다.

비결 8 　장사꾼 마인드가 필요해 - 아시아 최고 재벌 리카싱

세상을 읽어라

　왕펑이 쓴 책 《그는 어떻게 아시아 최고의 부자가 되었을까》에는 총재산이 우리 돈으로 13조 원이 넘는 아시아 최고의 갑부 리자청(홍콩명 리카싱)의 일대기가 나옵니다. 홍콩에는 '홍콩 사람이 1달러를 쓰면 그중 5센트는 리카싱의 주머니로 들어간다'는 말이 있다고 합니다. 그가 얼마나 많은 돈을 버는지, 또 홍콩 경제에서 그가 차지하는 위상이 어떠한지를 빗대어 표현한 말입니다. 리카싱이 이토록 큰 성공을 거둔 비결은 무엇일까요?

　리카싱은 어려운 가정 형편 때문에 중학교도 마치지 못한 사람입니다. 1939년 일본군이 고향인 차오저우로 쳐들어오자 당시 교장 선생님이던 아버지가 가족들을 데리고 홍콩으로 이주하여 고생하다 그만 폐렴으로 세상을 떠났기 때문입니다. 이때 그의 나이 열넷이었습니다. 졸지에 가장

이 되어 버린 리카싱은 학업을 포기하고 가게의 점원이 되었습니다. 그리고 철저한 장사꾼으로 변신해 갔습니다.

그래도 그는 책상물림이던 아버지의 피를 물려받은 자식이었습니다. 아버지가 평소 '책에서 길을 찾으라'고 했던 것처럼 리카싱은 고된 일을 하면서도 손에서 책을 놓지 않았습니다. 완전한 홍콩 사람이 되기 위해 광둥어를 배우고, 영국 식민지인 홍콩에서 꿈을 이루기 위해 영어 단어를 외웠으며, 책과 잡지를 두루 섭렵했습니다. 책을 통한 교육에의 열정은 그에게 삶에 대한 자신감과 사업의 기회를 안겨 주었습니다. 그가 사업 초창기에 플라스틱 조화를 만들어 세계 시장을 장악하는 놀라운 성공을 이룰 수 있었던 것도 실은 외국 잡지에서 얻은 아이디어 덕분이었습니다. 부동산 투자에서 이동 통신 사업에 이르기까지 손을 댄 사업에서 실패한 적이 없는 상신(商神)으로 추앙받는 세계적인 기업가에게 책은 세상의 흐름을 읽는 도구 그 자체였습니다.

아시아 최고 재벌의
성공 비결 여덟 가지

리카싱이 창장 플라스틱 공장을 설립하고 얼마 지나지 않아서의 일입니다. 그와 함께 사업을 시작한 기업들이 하나 둘 불경기로 망해 가고 있었습니다. 사람들은 "당신 공장 옆에 있는 두 공장도 곧 문을 닫으려고 하니 빨리 떠나는 게 좋을 것"이라고 충고를 하기도 했습니다. 하지만 그는 "이미 주문을 받은 상태이고 지금 생산을 하지 않으면 바이어는 나를 더 이상 믿지 못한다"며 공장을 계속 가동했습니다. 곧 망할 것이라는 사람들의 기우에도 불구하고 신용을 지키고 신의를 지킨 그는 그곳에서 오히려 한 달 만에 1년치 임대료와 영업비를 벌었다고 합니다. 망하는 한이 있더라도 신용을 지키고 신의를 지키는 것이 그의 밑바닥 정신이었습니다.

리카싱의 성공 비결을 요약하자면 '입(立), 진(進), 근(謹), 약(略), 술(術), 인(人), 정(正), 정(情)'의 여덟 가지라고 왕펑은 분석합니다. 역경에 굴하지 않고 우뚝 서는 것(立), 기회를 포착하여 과감히 나아가는 것(進), 신중하게 발전을 꾀하는 것(謹), 치밀한 전략으로 큰 것을 얻는 것(略), 기발한 방법으로 승리하는 것(術), 인재를 유치하고 양성하는 것(人), 믿음과 정직으로 일관하는 것(正), 인간관계에 정성을 쏟는 것(情)입니다. 이러한 여덟 가지의 면모가 그의 삶에는 어떻게 투영되었을까요?

"어떤 일에 대해 결정을 내리기 전에는 신중하게 연구를 해야 한다. 그러나 결정을 내린 후에는 뒤돌아보지 말고 용기 있게 앞으로 나아가야 한다."

"중국의 상인들은 예로부터 '사기 전에 미리 팔 생각을 한다'는 격언을 철칙으로 여겼다. 나의 생각도 마찬가지이다. 투자를 결정하기 전에 내가 하는 생각의 99퍼센트는 최악의 경우를 상정하는 것이고 1퍼센트만이 수익률을 계산하는 것이다."

"치열한 경쟁에서 살아남기 위해서는 남들보다 더 희생해야 한다. 올림픽에서 1위를 차지한 선수는 2위, 3위 선수보다 조금 더 빨리 뛴 것에 불과하다. 특히 단거리 경주에서는 눈 깜박할 사이에 순위가 결정된다. 그러므로 조금이라도 더 얻기 위해서는 더 빨리 움직여야 한다."

"오늘날 이렇게 많은 사람이 나를 위해 일해 주지 않는다면 나는 손이 열 개라도 눈앞의 일을 다 해낼 수 없을 것이다. 결국 성공의 관건은 나를 위해서 즐겁게 일해 줄 수 있는 사람이 있느냐의 여부이다. 이것이 바로 나의 철학이다."

"사업가뿐만 아니라 국가도 신용이 없으면 존립할 수 없다. 우리는 돈 외에도 중요한 가치가 있다는 사실을 깊이 인식해야 한다. 자신이 한 말과 약속은 반드시 기억하면서 실천해야 한다. 그렇게 신용을 쌓다 보면 성공과 부는 저절로 따라온다."

"내가 만약 의사가 되었다면 그저 한 사람의 의사에 불과하겠지만, 사업에 성공하면 1년에 200명의 의사를 양성할 수 있다는 생각이 들었다. 결과적으로 나는 이 목표를 달성했다."

험한 세상을 맛보게 하다

스스로가 책벌레였던 리카싱은 두 아들에게도 책 읽는 습관을 들여 주기 위해 노력했습니다. 바다에 나가 수영을 한 뒤에도 꼭 책을 읽어 주면서 설명을 했습니다.

그런데 우리가 리카싱의 자녀 교육에서 주목해야 할 점은 '세상의 흐름을 읽는 교육'을 시켰다는 것입니다. 이미 갑부가 된 리카싱이었지만 아이들과 함께 버스나 택시를 타고 시내로 나가 거리를 걸으면서 적은 돈이라도 벌기 위해 노력하는 사람들을 보여 주었습니다. 그러면서 부잣집 아이들은 더욱 노력해야 한다고 가르쳤습니다. 또 초등학생인 아들 둘을 자신의 회사 이사회에 참관시켜, 비즈니스가 얼마나 어려운지, 하나의 결정이 나오는 데 얼마나 많은 논의 과정을 거치는지를 경험하게 했습니다. 두 아들이 고등학교를 졸업하자마자 미국과 캐나다에 유학을 보낸 것도 스스로의 눈으로 선진국을 관찰하게 하기 위해서였습니다. 학문을 하는 것도 중요하지만, 책에만 빠져 외부의 새로운 변화에 눈을 감고 산다면 단순한 책벌레에 불과하다고 생각했기 때문입니다.

한번은 유학을 간 아들들이 골프장에서 캐디로 일하면서 용돈을 벌고 있다는 소식을 듣고 매우 기뻐했습니다. 그는 아내에게 "부인, 정말 잘됐구려. 아이들이 이런 식으로 자란다면 앞으로 좋은 소식이 있을 것 같소"라고 말했습니다.

저는 교육의 목표가 자녀를 모든 면에서 독립시키고 성공시키는 것이라고 믿습니다. 물질적 성공만이 아니라 학문적 성취나 예술적 창조의 기쁨에 이르기까지 우리가 얻기를 원하는 그 무엇을 자녀가 스스로 얻도록 만들어 주는 것이 교육의 진정한 목표라고 말입니다. 그러기 위해서는 부모의 인내가 필요합니다. 자녀가 직접 경험하고 고생하면서 소중한 인생의 자산을 얻도록 도움과 해답을 주고 싶은 마음을 꾹꾹 참아야 합니다.

리카싱의 삶과 교육은 우리에게 밑바닥 정신의 중요성을 자녀들에게 가르칠 것을 강조합니다. 그것을 다른 말로 하면 '상인 정신'이 될 테고, 이는 곧 신용을 만들어 가는 참된 인간의 모습을 가르치라는 의미겠지요.

폴 게티는 미국판 상인 정신을 전형적으로 보여 줍니다. 부잣집 아들로 태어난 게티는 아버지의 석유 사업에 매료되어 열여섯 살 때 아버지한테 유정 발굴 일에 참여하게 해 달라고 부탁합니다. 그의 아버지는 아들의 부탁을 들어주는 대신 다음과 같은 조건을 덧붙였습니다.

"좋고말고. 단 맨 밑바닥 일부터 할 생각이 있다면 말이다."

결국 그는 하루 12시간을 일하는 대가로 3달러씩을 받았습니다. 3달러는 당시 노동자의 임금이었습니다. 그의 아버지는 게티를 부모의 기준이 아닌 세상의 기준으로 대했던 것입니다. 유교 전통이 강한 우리나라 현실에서는 선뜻 받아들이기 어려운 이야기일지도 모릅니다. 하지만 진정한 자녀 교육은 이러한 정신 위에서 이루어지는 법입니다. 자녀를 위대하게 키워 낸 부모들이 이를 증명하고 있습니다.

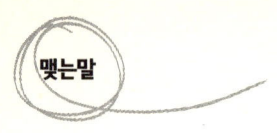

미래는 '강한 아이'에게 있다

　자녀를 강하게 그리고 위대하게 키우고 싶다면 자녀의 생각과 느낌을 이해하고, 그들이 꿈을 실현해 나갈 수 있도록 도와야 합니다. 또 그러기 위해서는 자녀 교육에 대한 접근 방법을 달리해야 합니다.

　《아이들의 숨겨진 삶》이란 책에 이런 이야기가 나옵니다.

　"아이들의 수영 능력에 대해 생각해 보라. 모든 아이가 수영을 할 수 있는 놀라운 능력을 타고난다. 물밑에서 숨을 참고 발차기를 하며 수면으로 떠오르려는 아기들 사진을 본 적이 있는가? 대부분의 아이는 실제로 그보다 몇 살쯤 더 지나야 수영을 배우게 되지만 그들은 이미 그 방법을 알고 있다. 아이들에게는 단지 수영할 장소와 능력 있는 코치나 선생님이 필요할 뿐이다. 바로 여기가 우리가 나서야 할 부분이다."

　모든 생명체는 자신의 삶을 성공적으로 살 수 있는 근원적인 능력을 가지고 있습니다. 그것을 '줄'이라 한다고 말씀드렸습니다. 이제 문제는 부모가 나서야 하는 것인데, 이를 '탁'이라고 합니다. 아이를 강하게 키워 자기 인생의 주도자로, 사회의 지도자로 만들고 싶다면 먼저 부모인 우리가 이러한 '탁'의 역할을 해야 합니다.

'탁'은 여러 가지 형태로 나타날 수 있습니다. 지금까지 아이가 가지고 있는 '줄'을 일깨워 주는 '탁'에 대한 이야기를 했습니다. 첫 번째 '탁'은 부모의 태도와 원칙이라 할 수 있을 것입니다. 두 번째 '탁'은 환경은 유전자보다 강하다는 것이었습니다. 세 번째 '탁'은 방법의 문제입니다. 이것을 다른 말로 코칭이라 할 수 있겠지요. 히딩크처럼 선수들의 특성을 파악해 자신의 능력과 기량을 마음껏 발휘하도록 도와주는 것입니다. 네 번째 '탁'은 구체적으로 가르치는 일입니다. 직접 보고 느끼게 한 카를 비테 목사처럼, 독립적으로 경쟁하도록 한 빌 게이츠 아버지처럼, 아이에게 배운다는 자세를 가진 세키네 마사키 선생처럼, 엉뚱해도 좋다고 한 스필버그 어머니처럼, 혹은 로버트 기요사키의 두 아버지처럼, 그리고 맹수가 새끼를 기르듯 자식을 기른 테드 터너의 아버지처럼, 필요한 것은 스스로 해결하는 능력을 키워 준 록펠러와 워런 버핏의 아버지처럼, 장사꾼 마인드를 키우도록 한 리카싱처럼 말입니다.

우리가 알고 있는 진리는 대부분 단순하고 진부합니다. 자녀를 강하고 위대하게 키우는 것도, 그들이 성공적인 인생을 살도록 돕는 것도, 부자가 되는 법도 그렇습니다. 열심히 배우고, 독서하고, 일하고, 저축하는 것, 성공하고 부자가 되기 위해서는 이 간단한 원칙을 일관되게 지켜 나가야 합니다. 뛰어난 업적을 남긴 사람들, 세계적 부호들의 삶이 이를 분명하게 보여 줍니다.

그렇다면 부모인 우리가 제일 먼저 해야 할 일은 무엇일까요? 마인드를 바꾸는 것입니다. 성적만 좋으면 내 아이의 행복한 미래는 보장된 것이나 다름없다는 생각에서 벗어나야 합니다. 학교에서 우등생이던 사람이 사회에 나가 시험에 나오지 않은 문제에 부딪혀 좌절하고 방황하거나 각종 비리에 연루되어 많은 사람에게 고통을 안겨 주는 경우가 적지 않다는 사실을 상기해야 합니다. 성적이 중요하지 않다는 것이 아닙니다. 중요하지만 절대적일 수는 없다는 것이지요. 그에 비해 강하게 키워진 아이는 누구도 대신할 수 없는 자기다운 삶을 살아갑니다. 자기 인생의 주인이 되어 목표를 향해 뚜벅뚜벅 걸어갑니다. 주어진 조건에 맞추기보다 새로운 조건을 만들어 갑니다. 아이의 인생에 이보다 더 든든한 자산이 또 있을까요?

다음으로 아이를 자기 주도형 학습자가 되게 하는 것입니다. 그러려면 되도록 일찍부터 아이의 발달 단계에 따른 교육을 실시해야 합니다. 앞서 다룬 것처럼 아이의 능력을 계발하고 훈련하면 아이는 부모가 굳이 잔소리하지 않아도 스스로 할 일을 척척 해 나갑니다. 이 교육은 빠르면 빠를수록 좋습니다.

아이가 이미 너무 커 버렸다고요? 걱정하지 마세요. 아이 수준에 맞는 재미있는 책을 골라 읽어 주고 대화하세요. 사랑과 지식을 동시에 줄 수 있는 가장 좋은 방법은 다름 아닌 책 읽어 주는 부모가 되는 것입니다. 또 함께 게임도 하고 운동도 하고 산과 강으로 나가 보세요. 늦긴 했지만 아이는 속으로 눈물을 훔칠지도 모릅니다. 그렇게 1년이 지나고 2년이 지나면 아이는 스스로 건강한 습관을 몸에 익히게 될 것이고, 나아가 점점 자기 주도적인 학습의 재미에 빠져 들 것입니다.

내 아이를 강하고 위대하게 키우는 법, 다른 데 있지 않습니다. 바로 부모님 자신에게 있습니다. 부디 아이를 가슴으로 키우는 부모가 되시기 바랍니다.

저의 일천한 경험과 지식, 그리고 그 속에서 얻은 작은 깨달음이 부모님 여러분께 더욱더 큰 울림으로 다가가기를 기도하겠습니다.

김재헌 올림